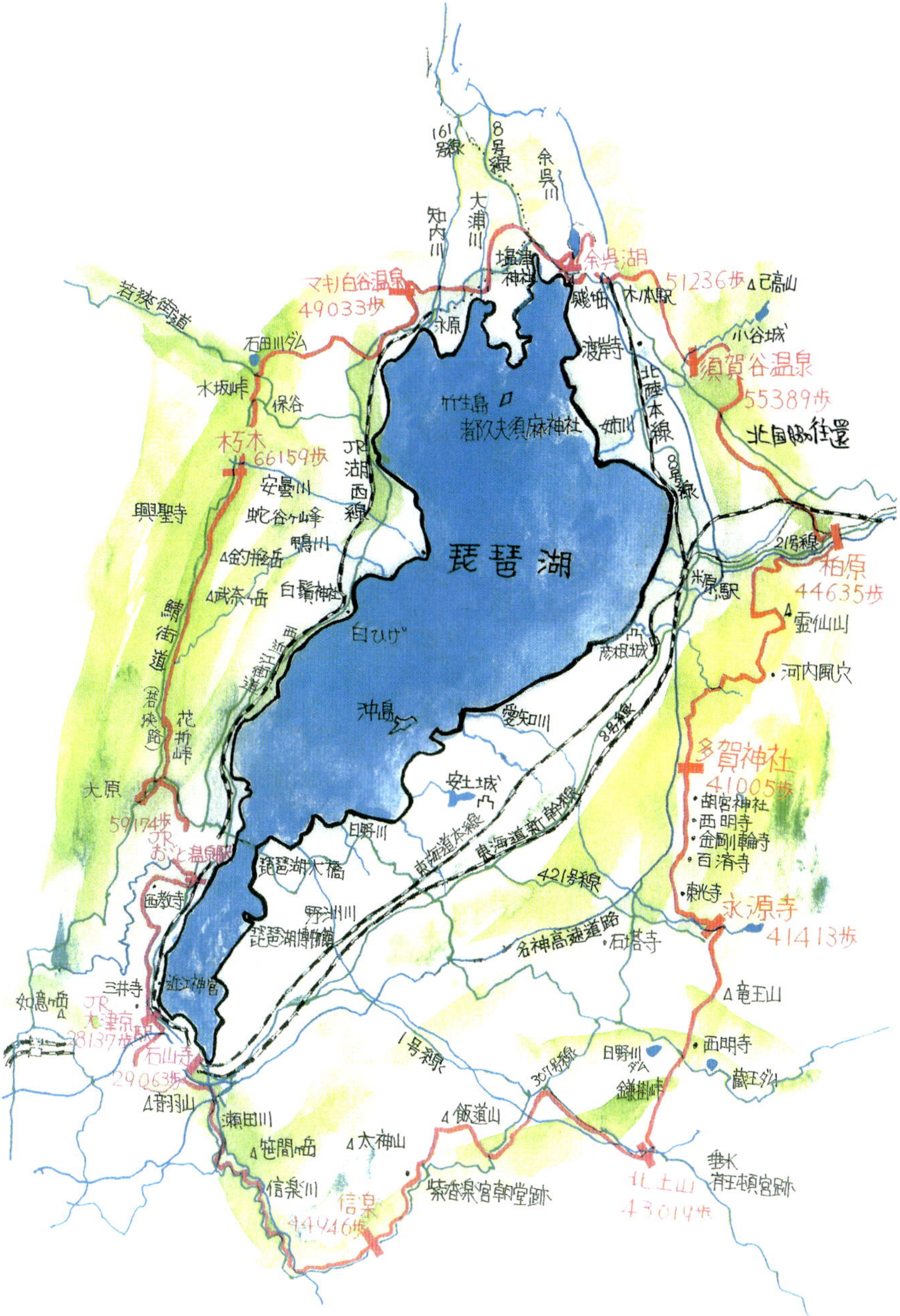
161号線
8号線
余呉川
大浦川
知内川
余呉湖
51236歩
己高山
マキノ白谷温泉
49033歩
塩津神社
若狭街道
永原
賤ヶ岳
木ノ本駅
小谷城
石田川ダム
渡岸寺
須賀谷温泉
55389歩
水坂峠
保谷
竹生島
都久夫須麻神社
北陸本線
姉川
北国脇往還
朽木
66159歩
JR湖西線
安曇川
8号線
興聖寺
蛇谷ヶ峰
21号線
柏原
44635歩
鴨川
釣瓶岳
琵琶湖
米原駅
武奈ヶ岳
白鬚神社
霊仙山
白ひげ
鯖街道
（若狭路）
西近江街道
彦根城
河内風穴
沖島
愛知川
8号線
花折峠
多賀神社
41005歩
安土城
大原
胡宮神社
西明寺
金剛輪寺
百済寺
59174歩
JR
おごと温泉駅
日野川
東海道本線
東海道新幹線
琵琶湖大橋
421号線
西教寺
野洲川
永源寺
41413歩
琵琶湖博物館
名神高速道路
石塔寺
三井寺
近江神宮
竜王山
如意ヶ岳
JR
大津京駅
28137歩
石山寺
29063歩
1号線
西明寺
日野川ダム
蔵王ダム
307号線
鎌掛峠
音羽山
瀬田川
飯道山
笹間ヶ岳
太神山
信楽川
紫香楽宮朝堂跡
垂水斎王頓宮跡
信楽
44946歩
北土山
43014歩

滋賀県地図（菅野忠画）

余呉湖（菅野忠画）

石山寺の大日如来坐像（菅野忠画）

岡野忠雄

琵琶湖一周
山辺の道
55万3000歩

SUNRISE

発刊にあたって

南　隆明

古くて、親しい友人・岡野君が第2作目を上梓した。その根気とエネルギーには、驚くとともに心から敬服する。

第1作は、33万８０００歩、琵琶湖の湖岸一周であった。その時から、次には「山辺《やまのべ》の道」を書くと宣言していた。

その宣言通り、今回は琵琶湖の「山の手」を55万３０００歩かけて一周した。

京都で学生時代を過ごしたからとか、琵琶湖に憧れたからとか、の理由だけではないだろう。中年期を越え、何かに衝き動かされての55万歩だろうと想像する。

琵琶湖を抱え込んだ形の近江の国は、地形的に見ると、北、東、西側三方は、国境《くにざかい》の山並みが伊吹、比良《ひら》と続き、南側には広大な平野が望める。

京の都から見ると、この地は、古くからの大穀倉地帯であり、今も京都、大阪の大切な水源地である。貴族たちの荘園はあちこちに散在していたはずだが、彼らが住み着いた話は耳にしない。

一方、都を目指す武将達にとっては、東海、北陸から京への出入りを制する要衝であった。それ故に、至る所にその盛衰、興亡の跡を見ることができる。

この地が、都になったのは大化の改新の後、白村江の戦いで敗れ、大津で即位することとなった天智天皇の時代である。

安土には、織田信長が都と北陸を睨《にら》んで、大型の天主（天守）を備えた絢爛豪華な安土城を建て、天下を狙った。

長浜は若き秀吉の居城として広く知られているが、琵琶湖を利用した船便の拠点として、大津、近江八幡とともに、鉄道輸送が始まるまでヒト、モノの集散地として長く栄えたことを忘れてはならない。

明智光秀の居城、坂本城は大津の少しばかり北方にあったが、本能寺の変の折に、炎上。城址だけが湖水べりに残っている。

比叡山を挟んで東西の位置に、近江の国と千年の都があり、互いは共振しつつ、近江は、表舞台を支える立場で、独自の文化、歴史を育んできた。数えきれない歴史の宝庫、自然景観の宝庫である。

そこをただ只管《ひたすら》一人で歩き里の人と交歓し、琵琶湖と山並みの美しさに魅了され、酒を飲み詠じ、郷土料理を味わいながら周回した記録帳である。

第1作同様に、どのページから読み始めても楽しい本ができあがった。

この本を手にした読者は、どの扉を叩き近江の国へと入国するのか、そしてどこから歩き始めるのか。興味は尽きない。

（京都駅ビル開発株式会社　相談役）

はじめに

2010年会社勤めを辞し、フリーになった。2年後の現在、生活にはいささかの屈《くっ》惑《たく》も無い。さあ自由に遊ぼう！　なにして遊ぼうか。

目は再び琵琶湖に向かった。

前著『琵琶湖三十三万八千歩』（交通新聞サービス）で湖畔を歩いていた時、右手はるかな山並みとその麓の方向がずうっと気掛かりになっていた。そこは琵琶湖に流れ込む河川の上流、水源の山々である。

そしてそこは鄙《ひな》。古くから径《みち》が通《かよ》い、邑々《むらむら》が息づいていることだろう。

そこを歩いてみたいと思いつづけて来た。

横山城、賤ケ岳《しずがたけ》、余呉湖、酒波《さなみ》寺、近江坂、朽木《くつき》渓谷など、未知のエリアがビッシリと詰まっている。仰木の里も歩きたい。信楽《しがらき》、紫香楽宮《しがらきのみや》跡にも行きたい。飯道《はんどう》山もぜひ登ってみたい。永源寺・湖東三山も再訪したい。

地図でざっとルートを調べた。11～12日間ほどとみた。

やろう！
2万5000分の1の地図を買い込み、具体的にルート選定に取りかかった。
湖畔の平坦な道とは違い、山道、渓谷などやや錯綜したルートを辿ることになる。
泊まりはどこにするか。
ウォーキング前段の至福の時である。ときめき。
かくして、琵琶湖一周・山辺の道ウォーキングが始まった。

著者

琵琶湖一周　山辺の道　55万3000歩■目次

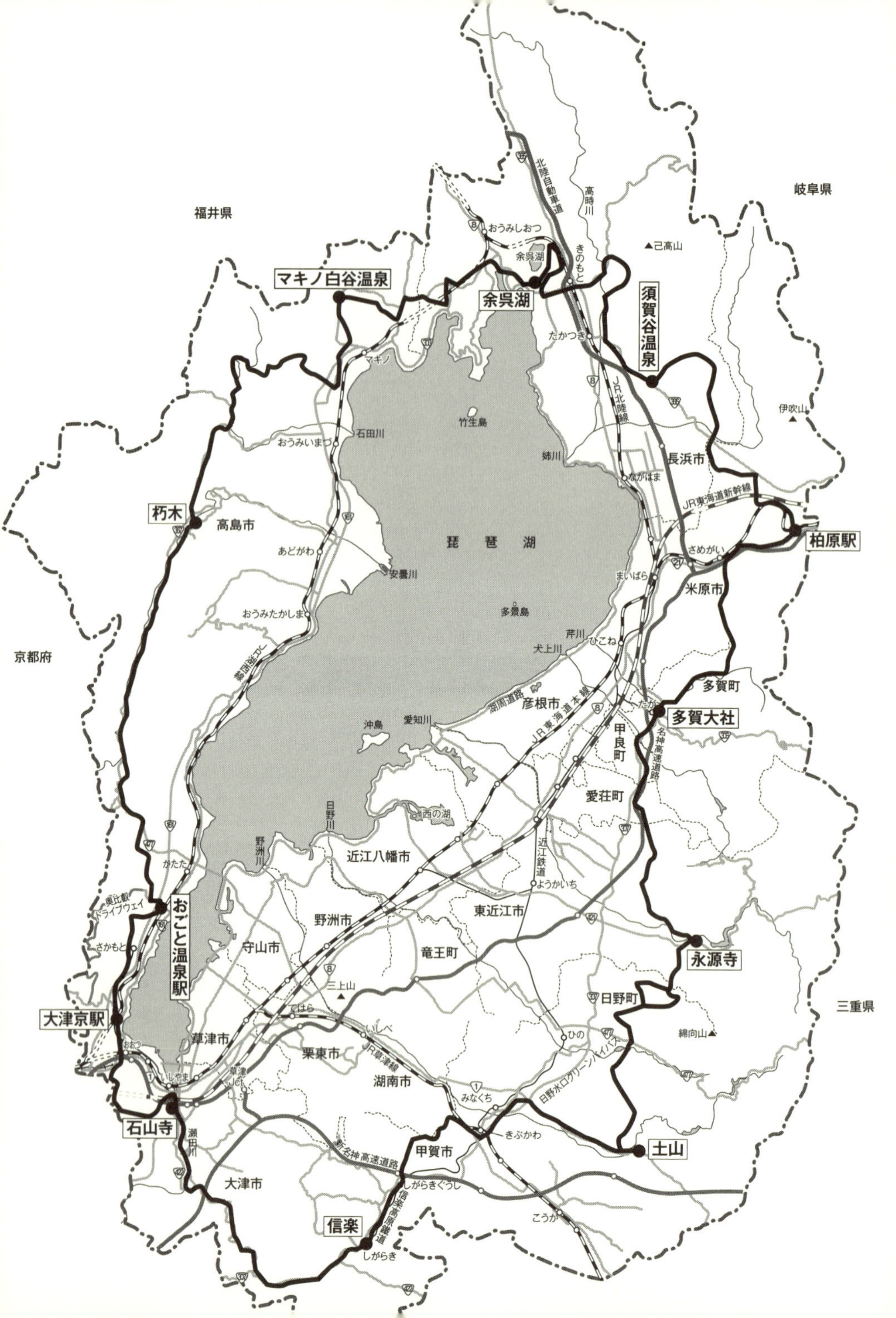

福井県
岐阜県
京都府
三重県
マキノ白谷温泉
余呉湖
須賀谷温泉
朽木
柏原駅
多賀大社
おごと温泉駅
大津京駅
永源寺
石山寺
土山
信楽
琵琶湖
竹生島
多景島
沖島
西の湖
己高山
伊吹山
三上山
綿向山
高島市
長浜市
米原市
彦根市
多賀町
甲良町
愛荘町
近江八幡市
東近江市
野洲市
守山市
竜王町
日野町
草津市
栗東市
湖南市
甲賀市
大津市
高時川
姉川
石田川
安曇川
芹川
犬上川
愛知川
日野川
野洲川
瀬田川
北陸自動車道
JR北陸線
JR東海道新幹線
JR東海道本線
湖周道路
湖西道路
名神高速道路
近江鉄道
JR草津線
新名神高速道路
信楽高原鐵道
日野水口グリーンバイパス
奥比叡ドライブウェイ
草津Jct
おうみしおつ
余呉湖
きのもと
たかつき
マキノ
おうみいまづ
あどがわ
おうみたかしま
ながはま
さめがい
まいばら
ひこね
たが
ようかいち
かたた
さかもと
おおつ
いしやま
てはら
いしべ
ひの
みなくち
きぶかわ
しがらききぐうし
こうか
しがらき

1日目

JR柏原《かしわばら》駅～須賀谷《すがたに》温泉

5万5389歩／約28km

柏原から近江長岡を経て湖北の山辺の道を行く。旧山東町、横山城跡、姉川、草野川へと進み、小堀遠州の居館のあった小室《こむろ》、孤篷庵《こほうあん》を巡り、須賀谷を目指す。

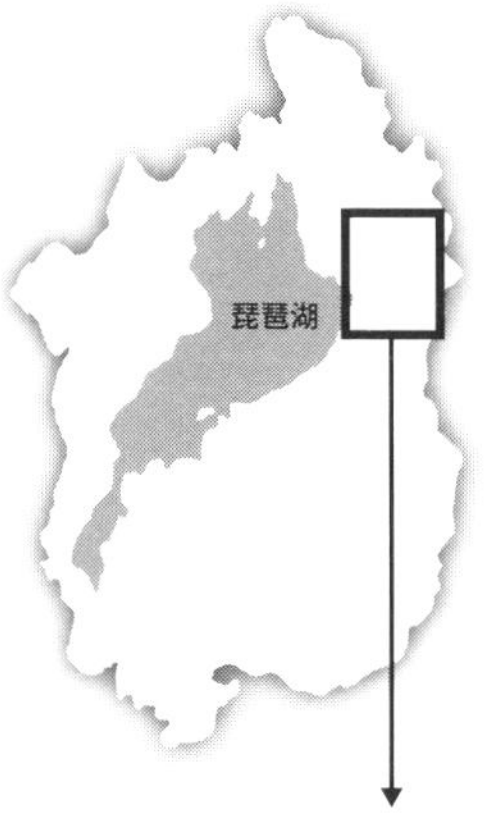

６時　ＪＲ柏原駅スタート

▼冷爽。雲量少。良い一日になりそうだ。

駅前正面に優然たる霊仙山《りょうぜん》１０８４ｍ。鈴鹿山脈北端の山である。

国道２２１号（旧中山道）に出る。

柏原は美濃から近江に入る最初の宿場。中山道69宿の61番目。

左、美濃との国境《くにざかい》。さらに行くと関ヶ原、大垣。濃尾平野に出る。

右、醒ヶ井《さめがい》、米原。

いざ近江へ！


柏原宿の往時の繁栄を偲ばせる重厚な家々の門口に、旅籠《はたご》屋、煮物屋、造り酒屋、銭屋、庄屋、医師、荒物屋、油屋、艾《もぐさ》屋などの標札が掲げられている。往時の番頭さんが、小腰を屈《かが》めて、出てきそうな想いに囚《とら》われる。

文久元年（１８６１）皇妹和宮は、降嫁の途次ここ柏原宿に宿泊した。

右、天台宗成菩提《じょうぼだい》院、近江北半国の守護大名・京極氏の居館のあったところ。

▼近世の戦国大名として湖北一帯を直轄統治するには、やや東に偏している感がある。が、中世の守護大名

として中山道、北国脇往還を押さえ、京都・鎌倉の往来を扼し、君臨するにはここは屈強の位置であっただろう。

徳川将軍上洛の休憩所・柏原茶屋御殿跡。そこを右折、北へ。「北畠具行《きたばたけともゆき》卿墓参道」鬱蒼《うっそう》たる杉木立の山道を10分ほども登ると、高さ2m余の宝篋《ほうきょう》印塔《いんとう》の立つ墓地に着く。

北畠具行は後醍醐天皇の側近。元弘《げんこう》の変で捕えられ、鎌倉へ送られる途中ここで斬られた。人目を避けての処刑を想わせる、いかにも物寂しいところ。

▼北畠具行は『神皇正統記』を著わした北畠親房の子。北畠顕家の弟。

少し道を戻り溜池の畔《ほとり》を左に行くと、西国三十三所観音石仏霊場。40cmほどの小ぶりの石仏群が、ゆるい斜面の両側に鎮《ちん》として列座している。十一面観音、千手観音、聖観音、馬頭観音、如意輪観音、文殊菩薩など。

▼観世音菩薩は衆生済度のため、三十三身に化身して、この世に現れるという。三十三所巡礼は坂東三十三所、秩父三十四所、西国三十三所など、全国に百余。

天台宗霊通山清滝寺《きよたきでら》徳源院。京極氏歴代の宝篋印塔18基が並ぶ。

艾屋

徳源院宝篋印塔

蒼然。

凛たる三重の塔。いくつかの小祠がゆかしい。いかにも古刹。

婆娑羅《ばさら》大名、京極・佐々木導誉が植えたという「道誉桜」。

ここでは、桜、紅葉、椿、躑躅《つつじ》、牡丹、水仙などで四季折々華やぐという。

ぼんぼりが並ぶ参道を通り、元の道に出る。

やや歩き、振り返れば、清滝山の麓の濃い緑に囲まれて、徳源院の甍《いらか》が景観となっている。その右手後方に北畠具行卿の墓のある小丸山。さらにその奥に霊仙山。

前方北にどっしりと伊吹山。

天野川に架かる小橋を渡り少し行くと、やや開けた地形に出る。幅２㎞ほどの地峡にＪＲ東海道線、北国脇往還、天野川などが並走している。

深田久弥著『日本百名山』伊吹山の項で「東海道全線中これほど山の近くを走る所はなく…」とあるのは、このあたりのことだろうか。

その山際の道を2～3㎞ほども行くと眼前に平地が広がっていく。湖北平野、近江の国へ入《はい》り込んでいくという印象がある。

そのとき右手遠くに、突然新幹線の列車が出現した。関ヶ原トンネルだ。

すぐに逆方向からも上り列車が現われ、トンネルにすうっと吸い込まれていく。

異次元の世界に消えていったかのようで、面白い。

さらに行くと、前方の小丘に短いトンネルの口がある。そこから地響きとともに、新幹線が猛然と飛び出して来た。ものすごい迫力である。

やはり深田久弥著『日本百名山』から。

のどかな近江野を通るごとに、藤村の詩『晩春の別離』の一節が私の口に浮かんでくる。

懐《おも》へば琵琶の湖の
岸の光にまよふとき
東伊吹の山高く
西には比叡比良の峰

かつてこの山に登った時、山上《さんじょう》のお花畑に色とりどりに百花が咲いていたことを今もよく憶えている。

日本武尊《やまとたけるのみこと》の大きな像。日本武尊は、記紀では「伊吹山で賊を退治するとき傷つき、崩じた」とある。日本武尊という一人の人物はいなかったともいう。記紀では、なぜか勇ましくも悲しく描かれている。

▼伊吹山１３７７ｍは近江最高峰。古くは胆吹山、息吹山とも。古名の息吹山の方が人臭く面白い。荒ぶる山の神の息吹。修験・信仰の聖地。開山は役小角《えんのおずぬ》とも、泰澄《たいちょう》とも、三修《さんしゅう》上人とも。薬草や高山植物の宝庫。伊吹の艾《もぐさ》は有名。せんねん灸《きゅう》。

左に万願寺の甍。

ＪＲ近江長岡駅の手前を右折し、三島池を目指す。

天野川橋を渡る。ゲンジボタルの生息地・息長《おきなが》はこの下流。

▼息長は古代豪族息長氏の本拠地。湖北・湖西に強大な勢力を持ち、日本海から都へのルートを扼し、5～6世紀の大和政権と深い関わりを持っていたようだ。神功皇后、高句麗好太王碑（倭軍、三韓出兵……）、百済来朝など、「空白の4世紀」といわれる遥かな古代史に思いを馳せる。諡号《しごう》にいう神功皇后の名は息長足姫《おきながたらしひめ》。

三島池からの伊吹山

7時41分　式内社長岡神社――――8286歩

天平宝字6年（762）創建。社前の大イチョウは樹齢800年とあり、幹周6・9m。

▼巨樹は地球上、最大、最長寿の生命体である。巨《おお》きな古木に「霊性」を感じた古《いにしえ》の人々の思いが多少分かる。こういう大きな古木を眺めていると不思議に心が落ち着くものだ。

新幹線高架下《した》をくぐる。間近に見る新幹線の驀走《ばくそう》に改めて驚く。

三島池ビジターセンター。

8時20分　三島池――――1万3749歩

三島神社は伊豆・三島大社の分祠。祭神は事代主《ことしろぬし》、大山祇《おおやまづみの》命《みこと》。

飛来したマガモの繁殖する南限の地。地元大東中学の生徒が給餌など、世話をしているという。

鳥居前の池の端で伊吹山に対する。池面に「逆さ伊吹」がくっきりと。

対岸に大灯籠。ここから見る伊吹山の威容は、どこよりも素晴しい。

芭蕉は伊吹山の美しさを讃えて、

　花にもよらず雪にもよらず、ただこれ狐山の徳なり
　このままに月もたのまじ伊吹山　　はせを

青森の八甲田山から始まる本州の脊梁《せきりょう》山脈は、東北、関東、中部と連なり、ここ伊吹山地で途切れる。

日本列島自体がここで西に曲がる。そして別の山脈が始まったかのように低い山地が西に伸びていく。

その断折した地峡を日本海から寒気が吹きぬけ、伊吹山に当たり、大雪を齎《もたら》し、大垣、名古屋に寒気を運ぶ。濃尾平野の冬は寒い。伊吹颪《おろし》。

　伊吹山からたよりはないが　冬の知らせに雪が降る　野口雨情

▼石灰岩はサンゴ礁の海底に、生物の遺物などが推積してつくられる。伊吹山は石灰石の山で、「約二億六千万年前赤道付近にあった海底火山が、太平洋プレートの移動に伴い北上し、一億八千万年前に日本列島の一部となった」（滋賀県高等学校地学部会編『地学のガイド』コロナ社）

8時48分　県立きゃんせの森　――――　1万6555歩

広く森が続く。昭和25年（１９５０）全国植樹祭。全国植樹祭が戦後の国土復興に果した役割は大きい。県立伊吹高校のグラウンドから元気な掛け声が響いて来る。「朝日の里」、黒田川を渡ると、朝日八幡神社。正面に横山丘陵３１２ｍが分厚く横たわる。臥龍《がりゅう》山とも。横山丘陵は長浜市と米原市の境を画し、湖北平野の東部を二分している。山東町の名は、この横山丘陵の東にあることから。

9時17分　天台宗伊富貴《いぶき》山観音護国寺（大原観音寺）　――――　1万8426歩

石田三成「三献《さんこん》の茶」で有名な古刹。山門をくぐり、２００ｍほどの参道を本堂に向かう。玉泉院、千手観音立像。

石仏

38段の石段を上る。正面に立派な向拝《こうはい》のある柱間《はしらま》5間《けん》の平入りの美しい本堂。

▼湖北には観音寺、観音堂が多い。数える限りでも9ヶ寺。観音信仰。

9時45分 ―――――――――― 1万9399歩

山門に戻り、その脇の池に沿って、ハイキングコースの山道に入る。

10分ほどで地蔵峠、「峠の地蔵さん」。直進すると石田に出る。

葉の落ちた冬枯れの山道は明るい。澄んだ空気の中、落葉を踏んで歩く。

落葉ふる中にすたすた歩くことのうれしさ　山頭火

少しきつい上り。

鉄塔下の四阿《あずまや》で小休止、給水。眺めが佳《よ》い。長浜市内、琵琶湖が一望の下に。

十数人のグループがやって来る。米原の人達。「冬の初めのいまが一番良い季節で毎年やって来る」とのこと。横山丘陵がこの地域の人々に親しまれている様子が言葉の端々からよく分かる。

10時28分　横山城本丸跡　3体の石仏 ―――――――――― 2万1925歩

すぐに第2本丸跡。

堂々たる伊吹山。彦根方面に荒神山《こうじんやま》。北国脇往還。小谷山《おだにやま》、山本山、葛籠尾崎《つづらおざき》が近々と見渡せる。

ここが湖北平野の要地であることがよく判る。

▼北国脇往還は、しばしば歴史に登場してくる。
・壬申の乱の折、天武軍の別動隊がここを抜け高島、大津に向かった。
・姉川の合戦場。
・賤ヶ岳の合戦の折、羽柴秀吉は大垣から木之本へと駆け抜けた。

横山城は当初、京極氏の支城として築かれ、その後浅井氏の勢力の拡大につれその前進基地となる。姉川の合戦を経て、秀吉の守城となった。

▼横山城が浅井氏の有《ゆう》に帰したとき、本拠地を小谷山からここに移し一大城郭を築けば、その後の戦いの様相に少なからぬ変更があったかもしれない。が、小谷城は浅井氏勃興の地だから、本拠地を移すことは難しかったのだろう。戦国時代の群雄で本拠地を次々に移したのは織田信長しかいない。

往時の横山城は40ヶ所以上の曲輪《くるわ》からなり、土塁、堀切などで固められた堅固な山城であったようだ。曲輪、腰曲輪《こしぐるわ》、虎口《こぐち》、堀切《ほりきり》、縦掘《たてぼり》。

やや急な下りの山道《やまみち》をさらに北上。「息長陵《おきながりょう》」の標示を右折、脇道を下る。

下り十数分ほどで山を出る。村居田《むらいだ》。

息長陵

11時46分　敏《び》達《だつ》天皇皇后廣姫　息長陵――――2万5559歩

シンプルな靖国鳥居。殿舎もなく、高さ４ｍほどの小ぶりな円墳があるのみ。

御陵《みささぎ》を守衛しているかのように、50軒ほどの集落。

集落の端《はずれ》に、排水処理施設、そこから国道３６５号に復する。

横山丘陵北端の龍《たつ》ヶ《が》鼻《はな》を回ると、茶臼山古墳。息長氏の流れの坂田氏の首長墓であるという。

春近《はるちか》川、ゆかしい名前。

12時26分　姉川野村橋　姉川古戦場――――3万38歩

姉水《しすい》を眺めつつ昼食、ビール。

▼川幅は、さすがに広い。２００ｍ余もあろうか。当時の鉄砲の有効射程は１００ｍほど。射撃間隔30秒、渡渉速度秒速１ｍ弱として、渡り切るまでに4回ほどの斉射を浴びる。平均命中率20%とすれば、鉄砲３００挺で、１０００人の密集突撃隊は2割強もの損害を出し、潰滅する。昼間《ちゅうかん》の敵前渡渉は無勢の浅井勢がとる戦法ではないと思う。奇襲の小規模な夜戦であったとの説もある。

野村の集落に入る。瓦屋根が乗っている立派な門、八幡瓦か。
その門口《かどぐち》に佇むお年寄りに道を聞き、田の中の道をゆっくりと歩く。
長政本陣「陣田《じんでん》」。

法楽寺町。真宗大谷派浄泉寺。

▼湖北には浄土真宗の寺院が多い。真宗十派というが、その中でも大谷派、本願寺派、仏光寺派の三派が特に多く、湖北だけで５４０ヶ寺を数えるという。（参考…長浜み〜な編集室「み〜な　びわ湖から」１０９号）

さらに言えば、滋賀県の人口10万人当りの寺院の数は２９３ヶ寺で日本一。２位は福井県で２０７ヶ寺。全国平均は61ヶ寺。村社、辻堂などの類《たぐい》まで数えれば、全国どれほどになることだろうか。しかも、そうした鄙《ひな》の社《やしろ》にこそ、古く懐《ゆか》しい伝承があるものだ。

横江川橋、「土石流危険渓流」。かなり険しい崖の下の道。
庭の花や野菜などを窺《のぞ》いていると、家の人と目線が合う。会釈をする。少し歓談。内に招かれそうな雰囲気があったので、慌てて立ち去ることとした。道のりは長く、やや遅れ気味だから。

姉川古戦場跡

よく見ればなずな花咲く垣根あり　芭蕉

東野。右、真言宗豊山派神護山醍醐寺への山道。

13時55分　バス停飯山《いやま》口 ―――― ３万６５９８歩

草野川は下流５㎞ほどで姉川に入る。

直進、草野川渓谷へ、集落のある左岸を北上。

廃屋、空き屋が散見。

　人減りし村を抱きて山眠る　　中村重雄『句集 かなかな』

　※「かなかな」はひぐらし

14時35分　郷野 ―――― ４万１５０歩

草野谷をさらに遡《さかのぼ》ると、山岳寺院大吉寺に至る。

このあたり辻堂多く、いずれにも生花《せいか》が献じてあるのが特に印象に残る。

左折、草野川を渡り、谷坂トンネルを経て小室を目指す。

谷坂峠を下る途中の道脇に南面して、１００基ほどもある大きな墓地。小室の人々の奥津城《おくつき》か。

15時20分　小室 ―――― ４万５４７７歩

小堀遠州《こぼりえんしゅう》の居館小室城の跡。

小室の集落は鄙びた風趣豊かな佇い。

道端、門口にはゴミ、雑物などもなく、張り紙、ポスターも少ない。

左折すると近江孤篷《こほう》庵、小堀遠州の菩提を弔う寺。往復で40分ほど。

▼「孤篷庵」は遠州の号で、一艘《いっそう》の苫舟《とまぶね》の意。

小堀遠州は造園、建築、茶道、書、歌、禅などにおいて名高いが、市井《しせい》の人ではなく、ベースは1万石余の大名。伏見奉行、作事物奉行などとして、豊臣・徳川政権に仕えた敏腕の土木建築の官僚でもあった。

茶道遠州流の祖。遠州好み。

遠州は利休の高弟古田織部《ふるたおりべ》の衣鉢を継ぐ。

　小堀遠州こそ、日本が生んだ二人とない文化的万能天才であったと言いきれそうである。

（森蘊著『小堀遠州』）

元三《がんざん》大師堂が夕陽をうけて、ポツンと佇んでいる。

▼元三大師は正月三日に没したことによる俗称。正式には慈恵《じえ》大師。平安中期の天台座主良源《りょうげん》。比叡山中興の祖。

五先賢《ごせんけん》の館。

旧浅井町《あざいちょう》ゆかりの相応和尚《そうおうかしょう》、海北友松《かいほうゆうしょう》、片桐且元《かたぎりかつもと》、小堀遠州、小野湖山ら5人の功績を紹介する。

17時05分　式内社波久奴《はくぬ》神社————5万1575歩

石の鳥居をくぐると、両側に灯籠が並ぶ長い参道。本殿はさほど大きくないが、欅《けやき》の老樹に囲まれた蒼然たる神奈備《かんなび》の杜《やしろ》。配祀神《はいししん》は物部守屋《もののべのもりや》。社伝に曰く、「蘇我馬子《そがのうまこ》に敗れた物部守屋がこの地に隠れた」と。

左、田の中に「波久奴御旅所《おたびしょ》」の碑柱。

▼御旅所は、祭礼で神輿が本宮から渡御する途中、仮に安置される場所。神輿宿《みこしやど》。

波久奴神社

瓜生《うりゅう》集落。

「国宝薬師如来」の石柱を右折。瑠璃光山珀清寺《るりこうざんはくしょうじ》。

日吉神社。

北西の山塊を越えると須賀谷温泉。

左へ、山道に入る。そろそろ暮色。ゆっくり急ぐ。

重厚な森が続く。木立の間から琵琶湖が垣間見える。

▼春、桜花の花片《はなびら》が一面に折敷き、この山道が桜色に輝いていた光景を今も鮮明に憶えている。

さまざまの事おもひ出す桜かな　芭蕉

峠に地蔵尊の小さな小祠。

暗くなる。ライトを点《つ》ける。下りに入る。

「片桐且元公の里　須賀谷」

観音堂跡の石積み、神明宮。

18時14分　須賀谷温泉着 ——— 5万5389歩

やや疲労感あり。

2日目

須《す》賀《が》谷《たに》温泉〜余呉湖

5万1236歩／約27km

小谷山《おだにやま》の威容を眺めながらその裾道《すそみち》を辿る。
雨森《あめのもり》、高月など、観音の郷を遠望しつつ、只管《ひたすら》北上。
木之本を経て伊香具《いかぐ》の里を訪ね、さらに賤ヶ岳《しずがたけ》東麓を北上。
賤ヶ岳山頂を目指す。

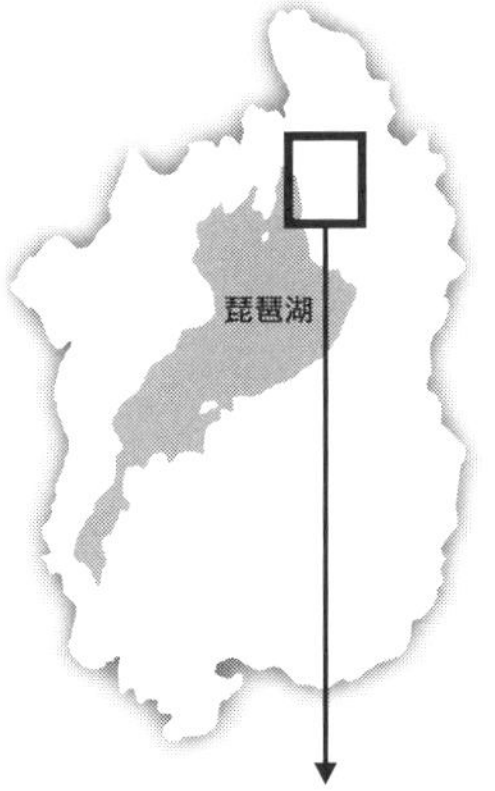

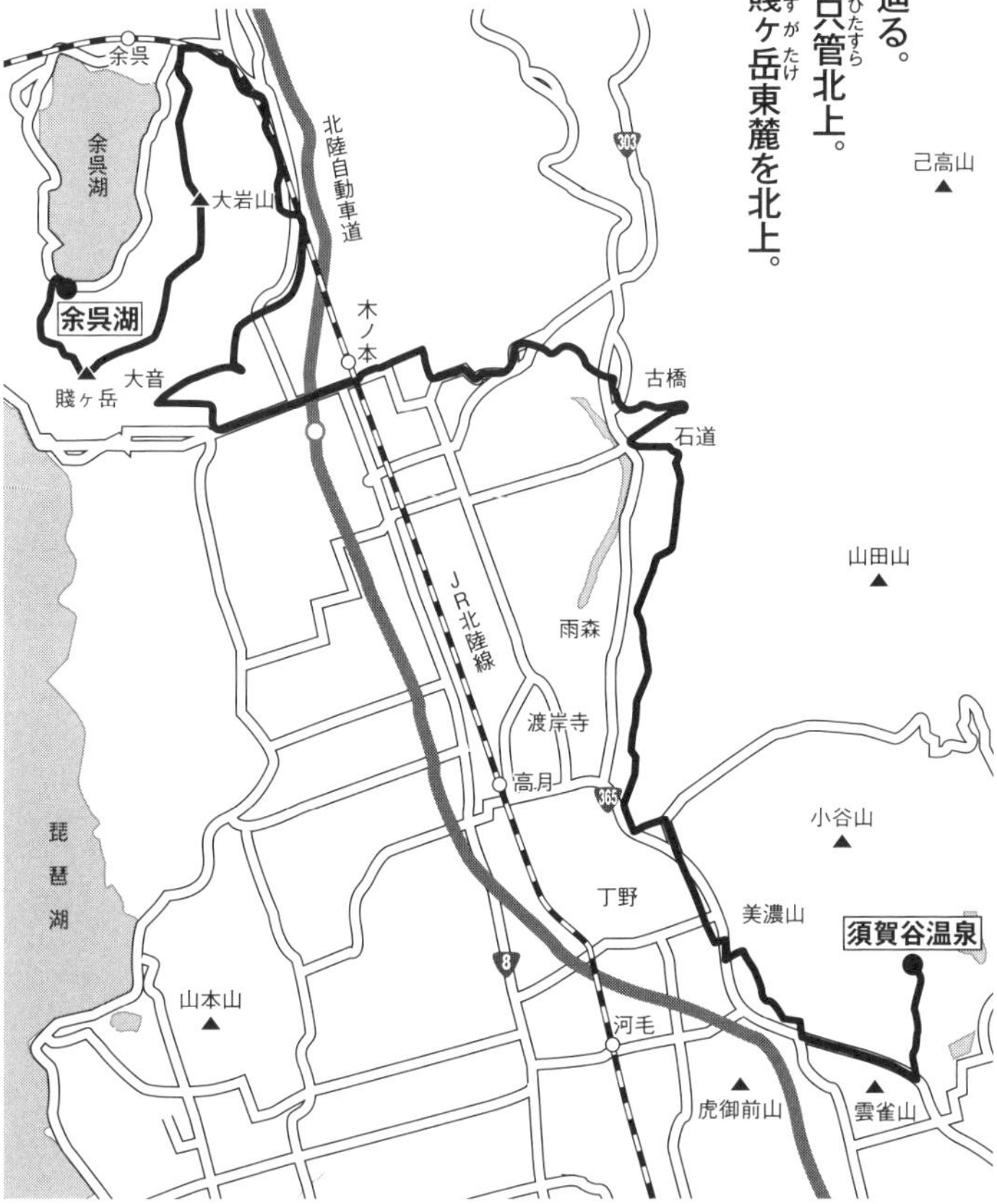

伊吹山遠望、右奥に鈴鹿山脈霊仙山

6時　須賀谷温泉スタート

▼早朝の冷気が快い。深呼吸、軽く体操。

谷間《たにあい》の畦道《あぜみち》をゆっくりと下る。

6時15分　北国脇往還（国道365号）に出る

早朝にもかかわらず交通量は多く、歩道がなく歩きづらい。側行。目の前に、雲雀山《ひばりやま》１４５ｍ、その奥に虎御前山２１９ｍ。真言宗豊山《ぶさん》派如意輪山小谷《おだに》寺。神亀5年（７２８）泰澄上人開基。人影もなく、やや荒れた趣《おもむ》きの古刹。本尊は優美な如意輪観音半伽思惟像。

右、小谷山４９５ｍ。ここから見る小谷山の山塊は大きく、崖は険しい。江北6郡40万石、浅井氏三代の居城・小谷城の威容。

織田軍との戦いに3年間耐えた。戦国五大山城の一つという。

▼戦国五大山城とは小谷城のほか、越後春日山城、能登七尾城、近江観音寺山城、出雲月山富田城。春日山城を除く4城は、悉《ことごと》く落城の悲運に遇《あ》っている。どれほど堅城であっても孤城では攻囲に耐えきれないということか。

６時30分　小谷城出丸登り口

清水谷《きよみずだに》入口。清水谷は小谷城の大手、虎口。間口１８０ｍ。奥行１kmほどの谷間の平坦地。城主、重臣などの平時の居住区。山上の郭塁は戦時用のもの。

長政、お市の居住した「お屋敷」は、ここから７００ｍほどの最奥にある。

（参考…長浜み～な編集室「み～な　びわ湖から」１０５号）

谷の奥に鬨《とき》の声が挙がり、武者が駆け出してくるような幻想が湧く。

小谷城戦国歴史資料館。

水車、郡上宿

北国脇往還を行く。ぽつんと水車が。
小谷城の城下町であった郡上《ぐじょう》宿。
郡上の集落を通り、「美濃山の里」を北上する。
大きな五輪塔。

▼密教では万物は地、水、火、風、空から成るとし、その五大を方形、円形、三角形、半球形、宝珠形と積み上げ五輪塔とする。「空」が五元素の一つとは面白い。「空、無」はインド仏教の中心思想の一つ。弘法大師空海。数字で「ゼロ」が発見されたのもインド。

7時25分　郡上の集落を出る

左に小丘二つ。丁野山《ようのやま》、中島山。一面の麦畑。

国道３６５号美濃山交差点。

旧湖北町立小谷小学校、子供達が野球をやっている。キビキビと可愛く動く。甲《かん》高い喚声。先生も可愛い先生。見ていると楽しくなって来た。

　　みんなちがってみんないい　金子みすゞ

丁野の集落。ここは浅井氏発祥の地。

二俣を抜け、山田川左岸に。前方は山田山５４１ｍ。

山田川は１㎞ほど下ると、高時川に入る。高時川はさらに5〜６㎞ほどで姉川に合流する。高時川を妹川とする姉妹伝説がある。

このあたりは、近年に至るまで洪水禍の地であった。

8時02分　山田川本堂橋を渡り、高月町馬上《まけ》の集落 ——— 9012歩

花がいっぱい。

「美しき花、清き川、明るい村」「美しき馬上、代々に伝えん」

なるほどと思わせるものが集落に漂っている。時間がゆったりと流れているようだ。犬に吠えられたが、猛々《たけだけ》しくなく、むしろ「こんにちは」と挨拶されているような吠え方。

式内走落神社。鬱蒼たる杉木立の神奈備の杜。小ぶりながら凛然たる社殿。境内の馬上多目的集合所に、

「話し合う家庭の中で子は育つ」
「たえず見よ、子の目、子の部屋、子の世界」
「あいさつは笑顔とともにわたしから」

「北国きのもと道」の道標《みちしるべ》を右へ。山麓の小道を北上。

大洞山浄念寺。

馬上の集落を出る。

左方かなたに高時川の川岸林が延々と続いている。

その向こうが雨森《あめのもり》。江戸中期の儒学者で、対馬藩にあって朝鮮外交に活躍した雨森芳洲《ほうしゅう》の出身地。

雨森にかつて行ったことがある。春、花々をあしらった用水路が縦横に流れ、水車が随処に配され、趣《おもむき》のある集落であった。

渡岸寺十一面観音像
（菅野忠画）

渡岸寺《どうがんじ》の里にある向源寺《こうげんじ》の「国宝十一面観音像」はすばらしかった。

　大宝冠を載いてすくっと立っている長身の風姿もいい。顔の表情もまたいい。（中略）腰を捻っているところ、胸部の肉付きのゆたかなところなどは官能的でさえあるが（中略）ただこの十一面観音像がここにあるということは、これを尊信したこの土地の人々の手で、次々に守られ、次々に伝えられて今日に至ったということであろう。

（井上靖著『星と祭』）

信長の兵火を避け、人々はこの尊像を必死で隠し守ったという。

立ちならぶみ仏の像いま見ればみな苦しみに耐えしみすがた

今井邦子（信州諏訪の歌人）

▼湖北には十一面観音像が多い。善隆寺、宗正寺、医王寺、石道《しゃくどう》寺、充満寺、赤後《しゃくご》寺。まさに「観音の里」である。観音を崇めた湖北の人びと。近江には、国宝・国重文の十一面観音像が39体もあるという。

（参考…長浜み〜な編集室「み〜な　びわ湖から」１１１号）

山田山の西麓、クリーク沿いの小道を一向《ひたすら》北上。

左前方に田部山２６７ｍ。

▼天正元年（１５７３）朝倉義景は浅井救援に越前を発し、ここ田部山に陣していたが、暗夜雨中織田軍の強襲に遭い敗走。一乗谷まで逃れ帰ったが、そのまま滅亡。次いで浅井氏も小谷山で滅ぶ。

年配らしき女性が、田の中で作業中。

機械化が進んでいるとは言え、田打ち、田植え、除草、刈り取りなど、農作業はいまも重労働。随処に休耕地か耕作放棄地が目につく。

右、高野の集落。甍は高く、戸数も多い。前面の水田も広い。

山田山の斜面の植林も立派で、豊かな里という印象。

真宗大谷派水音《すいとう》山願超寺。
伝教大師坐像のある大師堂。

さらに柳ヶ瀬断層の道に沿って北上していく。
上川原橋。

9時35分　高時川井明神橋東畔 ———— 1万5885歩

右折、石道《しゃくどう》寺を目指す。瀬谷川石道橋。ゆるい上り坂を山腹に向かう。
長閑《のどか》。空は青く広い。和《なご》む。水量豊かな瀬谷川。水源はかなたの己高《こだかみ》山か。
ヤンマー創業者・山岡孫吉の故郷《ふるさと》。

　榛《はん》の木のそれでも花のつもりかな　一茶

右の河岸の段崖の中腹に式内社神前《かみさき》神社。鳥居をくぐり60段ほどの石段の上に茅葺《かやぶき》のすばらしい拝殿。幅4間奥3間。その奥に杉木立に囲まれて本殿が。
日吉社、八幡社、稲荷社などの全国ブランドの神社よりも、ローカルの古い式内社などの縁起に興味が湧く。

9時45分　己高山石道《しゃくどう》寺「石道《いしみち》の観音さん」————1万7890歩

3体の国重文の十一面観音像がある。

無住だが地元の人々が熱心に堂守をしている。

▼井上靖著『星と祭』に、「この十一面観音さまは、村の娘さんの姿をお借りになって（中略）素朴で優しくて惚れ惚れするような魅力をお持ちになっていらっしゃる」

堂守のご婦人の説明を聞く。怡然《いぜん》。

▼現在《いま》私はこの観音像を美術品として鑑賞している。当時《そのかみ》人々は貴《とうと》いものとして拝《おが》んだ。しかし当時《とうじ》も人々は、尊貴なるものの中に美をも見出していたことだろう。

いま貴く美しい像が眼前にある。

10時30分　石道寺スタート ————

本堂左脇の石段を上る。

「紅葉の名所鶏足寺」。かつて繁栄したころの仏閣は跡形《あとかた》もないが、跡地は公園として整備されている。緑のモミジ、カエデの葉が陽光に映え、静かな静かな山の中の公園。

紅葉の時期は素晴しいという。

▼己高山《こだかみ》は修験の聖地。飛鳥・奈良の時代から山岳信仰のメッカとして栄えた。

己高閣への小径《こみち》を巡る、南東の斜面に茶畑。山道を出ると、そこは薬草の畑。

11時00分　己《こ》高閣《こうかく》　世《よ》代閣《しろかく》拝観 ———— 1万9777歩

式内社与志漏《よしろ》神社の深閑とした広い境内を抜け、鳥居をくぐり石段を下りると古橋の集落。

古橋はおおきな邑《まち》。古くから開けていた。「まほろばの里」

６世紀末の古橋製鉄所遺跡がある。６世紀末といえば聖徳太子の頃。渡来系の豪族が、ここにもいたのだろう。

▼関ヶ原の合戦で敗れた石田三成が居城佐和山を目指して逃れて来たが、ここ古橋で捕われた。

11時45分　高時川大橋を渡り、木之本を目指す ————

12時30分　意富布良《おほふら》神社 ———— 2万5967歩

白鳳時代の創建。主祭神は須佐之男命。

時宗浄信寺。木之本地蔵尊、戒壇巡り、目の神様。

ここ木之本で北国脇往還は北国街道と合流する。ＪＲ北陸本線、北陸自動車道が併走、交通の要衝である。

意富布良神社の石塔群

浄信寺の前から国道３６５号を離れ、木ノ本駅へのゆるい地蔵坂を下る。
駅前の食堂福田屋の前に柳の巨《おおき》な古木。その福田屋で昼食、親子丼とビール。

国道８号を行く。
賤ヶ岳トンネルの手前で右折し大音《おおと》の集落に入る。
ここは水上勉『湖の琴』の舞台。

▼大音、西山は絹糸の里。三味線糸、琴糸の原糸の産地。大工の墨糸、パラシュートの糸、医療の糸などにも。

13時30分　伊香具《いかぐ》神社 —— 3万1576歩

後方に神奈備の香具山。さらにその後方に大岩山。
１００ｍほどの桜並木の参道。独特の形の鳥居。石段、拝殿。
境内には杉、欅、椎、栃、公孫樹。苔むした殿舎、いかにも古社。
独鈷《とっこ》の水。
料亭旅館「想古亭源内」の杉木立。

一宮神社、野大神。この辺り古い謂《いわれ》のある式内社が多い。

余呉川一の宮橋。

賤ヶ岳への登り口。「大垣返し」の羽柴勢はここから攻め上った。

14時35分　式内社黒田神社——３万４９６９歩

ここは筑前52万石黒田氏の故地。

伊香具神社の鳥居

参道への太鼓橋を渡ると１ｍほどのひどく小さな鳥居が珍しい。

余呉川沿いの北国街道を北上。右、田上《たがみ》山が迫る。田上山と賤ヶ岳の地峡の入口である。田上山は賤ヶ岳合戦の折、羽柴秀長の本陣のあった処、要地である。

余呉大橋。左折し余呉川右岸の小道に入る。静かな野道である。

柳ヶ瀬断層。

▼柳ヶ瀬断層は福井県武生から木之本を経て、四日市に至る延長１００kmを超える大断層の一部。活断層である。４００万年前に伊賀上野の盆地で出現した琵琶湖は１００万年前、現在地に出現し、今も北上しているという。ここ柳ヶ瀬を通り日本海に入り消滅する。１００万年後のこととという。

梅ヶ谷橋。ここは余呉湖から余呉川への放水路の隧道の出口。余呉湖の水面は琵琶湖より47ｍ高い。

琵琶湖↓揚水・余呉湖↓放水・余呉川↓琵琶湖。灌漑用水として、琵琶湖の水は巡る。先人の知恵と労苦を思う。

いくぶん広い地形に出る、下余呉。

柴田勝家本陣 狐塚《きつねづか》は、さらにその向《む》こう。さらに北国街道を行けば、栃ノ木峠を越え、越前・武生に至る。

▼琵琶湖は淀川水系に属する。琵琶湖には120の一次支流がある。北国街道をさらに北上すると滋賀県最北端栃ノ木峠がある。滋賀県と福井県境の分水嶺。そこから高時川は発流し、姉川に入り、琵琶湖に至る。さらに瀬田川を経て淀川となる。その栃ノ木峠に「淀川の源」の碑が立っている。高時川の水源から淀川の河口まで延べ170㎞。

「淀川の源」

左折し、江土橋を渡る。左、賤ヶ岳北端の大岩山の鼻を回る。

式内乎弥《おみ》神社。対岸の新羅崎神社跡とともに、新羅系渡来人の足跡を示す。

15時30分　賤ヶ岳江土登り口——————3万9786歩

賤ヶ岳山頂まで4㎞。急坂を上る。

三つほどの登り返しを行く。

木末《こずえ》を渡る幽かな風の音、ソノリティー。風にも声がある。

七本槍古戦場賤ヶ嶽

賤ヶ岳山上

余呉湖

快適なハイキングコースである。
陽が西に傾きつつある。尾根道のため左右はまだ明るい。

15時50分　大岩山――――

中川清秀の墓。

首洗い池、猿ヶ馬場。

16時40分　賤ヶ岳山頂４２２ｍ　給水――　４万７４７１歩

３６０度のパノラマ。眼下に余呉湖、周囲６・２㎞。

東西の山並みが馬蹄形に余呉湖を囲んでいる。

細流や伏流水が流れ込むだけの閉鎖湖。

縄文期の湖底遺跡があり、ドングリ、クルミ、トチ、クリなどの食用の実も多く発見されているという。３０００年前の埋没林。

飲み水、魚介、木の実などが豊富であったため、湖北のこの辺り、古くから人々が絶えることなく生活していたようだ。

北にやや高く行市山６６０ｍ、その手前が茂山か。

山上大観。左伊吹山、小谷山、中央奥霊仙山、右に竹生島

南に山本山への稜線、南東に小谷山と虎御前山。姉川、高時川もそれと判る。
竹生島。はるかに伊吹山。まさに大観。
陽は傾きつつあるが去り難く、残りの酒を楽しむ。山酒。

▼賤ヶ岳の東崖は険《けわ》しい。もしも佐久間盛政が尾根沿いに堅陣を組み迎撃していれば、長駆の羽柴勢の勢《いきお》いを食い止めることができたかもしれない。そこに柴田勢本陣が前進南下、攻勢に転じていれば、合戦の様相はどうなっていたことかと思う。後退する軍隊は弱い。秀吉と勝家・盛政。主将の胆力の差であったかもしれない。それも、つまるところは、時の勢いとも言えようか。

17時10分　スタート

賤ヶ岳を下ると、その尾根道を横断する飯浦《はんのうら》と余呉湖を結ぶ道の鞍部《コル》に出る。
賤ヶ岳合戦の七本槍の物語が生まれたところ。
右折、杉の林間の、やや急な下り道を急ぐ。黄昏《たそがれ》る。

17時45分　国民宿舎余呉湖荘　——　5万1236歩

近江牛の鍋、山菜てんぷら、刺身、釜めしなどの豪華な夕餉、それに

「松の花」（川島酒造）。「松の花」とは、一人酒《ひとりざけ》に適《あ》った名だ！　味も良し！

さびしさは生まれつきなり松の花　詠人不詳

将進酒　李白

君不見黄河之水天上来　君見ずや黄河の水天上より来《き》たるを
奔流到海不復回　奔流海に到りて復《ま》た回《めぐ》らず
君不見高堂明鏡悲白髪　君見ずや高堂の明鏡白髪を悲しむを
朝如青絲暮成雪　朝《あした》には青糸《せいし》の如きも暮《くれ》には雪と成る
人生得意須盡歓　人生意を得て須《すべから》く歓を尽《つく》すべし
莫使金樽空対月　金樽《きんそん》をして空しく月に対せしむなかれ

——略——

3日目

余《よ》呉《ご》湖《こ》〜マキノ白谷温泉

6万6159歩／約37km

余呉湖西岸の公法寺山の西面の山道を下り塩津《しおつ》を目指す。

塩津街道、大浦街道、西近江路などを横切り西進。

琵琶湖畔で出会った大川、大浦川、知内川などと、その上流で邂逅するのも楽しみである。

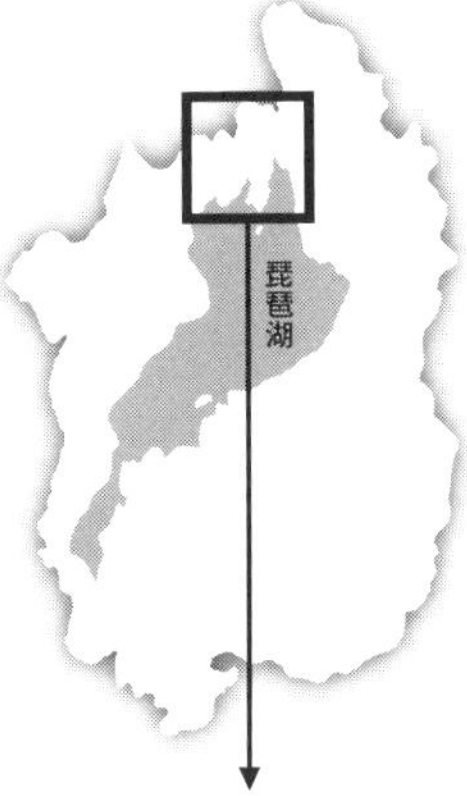

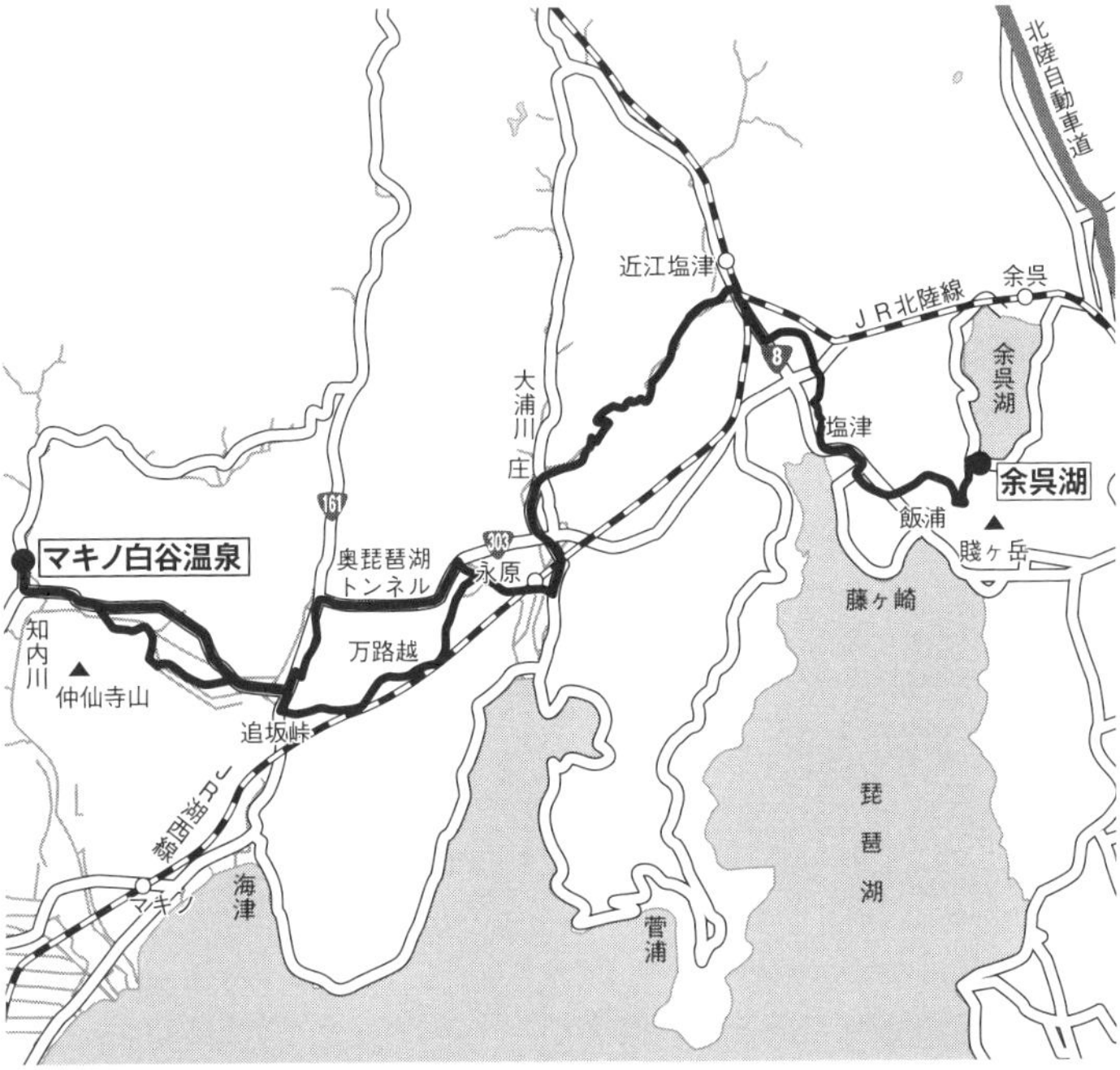

余呉湖のあさぼらけ

5時20分　余呉湖

天明起床。

湖畔に出る、すでに夜は明けている。

涼しい、15度ぐらいか。しばし涼感を楽しむ。ゆっくりと深呼吸。

風もなく、湖面には小波《さざなみ》もない。中空《なかぞら》の雲も動かない。飛鳥もいない。湖は静まり反《かえ》っている。まさに鏡湖《かがみこ》。

なんと閑《のどか》で、厳《いつく》しい眺めであることか。

太古より、どのような歴史を閲《けみ》して来たことか。

却初《ごうしょ》より無人《ぶじん》こそが天地《あめつち》の本然《ほんねん》の姿であった。

6時　余呉湖荘スタート

軽く屈伸運動。快調。やや曇天ながら雨は降らないだろう。

賤ヶ岳登り口、昨日下《くだ》って来た飯浦《はんのうら》への山道を逆に上《のぼ》る。

静かな静かな林間の道である。手付かずの自然の中を歩いているような錯覚に囚《とら》われる。素晴しい朝の山歩《さんぽ》である。斜陽が朝霧を切り裂き、差し込んでくる。

小鳥も目覚めてきたようだ。

北国からの産品はこの山道を越えて、琵琶湖の舟運で飯浦から一気に大津へ運ばれた。

6時23分　飯浦への鞍部

標高289m。余呉湖湖面の高さは132m。

飯浦方面へのアチラ坂を少し下《くだ》ると、すぐに「塩津へ」の標識。

そこを右折し「近江・湖《うみ》の辺の道」に入る。塩津・娑婆内湖まで2・6km。

十数分のきつい上《のぼ》りで、尾根らしきところに出る。

竹生島、葛籠《つづら》尾崎《おざき》の稜線がくっきりと優美に姿を見せている。

落葉折り敷く山道の足裏の触感が快い。

左右は杉、コナラ、赤松、ブナ、椎などの雑木林。

やや急な下りに入《はい》る。笹藪が深い。道を見失わないように注意しながら歩く。熊笹の山道は用心しないと道を外《はず》すことがある。おかしいなと思ったときは、立ち止まり、ためらわずバックし、元の道が確認できるところまで戻ること。

塩津浜と娑婆内湖埋立地

地獄坂

6時50分

パッと視界が開け、塩津の町が眼下に見える。

左手後方遥かに賤ヶ岳・山本山の尾根道が伸びている。

7時20分　地獄坂

この坂道あたりで、退却する柴田軍は羽柴軍の追撃を受け、地獄の惨状に陥ったという。このような狭く険しい下り坂で追い落とされたのでは、酷《ひど》い敗走になったことであろうと思う。

みごとな杉林の道を快調に下る。杉、凛として天を衝《つ》く。

7時39分

山を出る。一面の薄《すすき》の叢《むら》。

塩津街道（国道8号）に出た途端、右手の藤ヶ崎トンネル方面から車がどどっと駆け寄って来る。

8時04分　塩津神社　――――　1万6725歩

式内社、西浅井郡半郡の総社。

鳥居、拝殿、本殿、杜《もり》。整った立派な神社である。境内は、いま掃き浄められたばかりのようにゴミも落葉もない。

清浄を宗《むね》とする神道。

給水、軽食。

ここは奥琵琶湖の最奥の塩津浜。

8時15分　スタート　――――

途中、ボールペンを置き忘れたのに気付く。予備のペンはあるが、「友」を見捨るわけにはいかない。7～8分のロスタイムになるが引き返す。

友はポツンと座石の上にいた。

浜御堂法泉山浄光寺。

塩津の街中《まちなか》を行《ゆ》く。かつての宿屋、酒屋、鰊《にしん》倉などを示す標札が

塩津神社

掲出してある。

▼上り荷には加賀米、大豆、身欠きニシン、棒ダラ、数の子、魚肥、昆布、塩ザケなどの海産物。薪炭、油、薬、漆器、銅、鉄器など。

家並《やなみ》にキッチリとした風情《ふぜい》が漲《みなぎ》る。

古い建物に洋風の洒落《しゃれ》た出窓。

街の人に道をたずねると、京都訛《なまり》の返事がかえってきた。懐かしい気分になる。

塩津を出て田の中の道を行く。祝《ほり》山、野坂を目指す。

塩津の家並み

左手に湖西線の高架。右手の山から北陸線が出て来て、近江塩津駅で合する。

万葉集に、

　塩津山越え行けば我乗れる馬ぞつまずく家恋うらしも

と歌われており、かつては朔風の荒《すさ》ぶ相当険しい山道であったようだ。

▼この塩津街道は、塩津から国境《くにざかい》まで2里、国境から敦賀まで3里半で、五里半越えともいわれ、深坂越、新道野越えを経て若狭の国・敦賀に至る。本州最狭部。塩津・敦賀間、直線距離で約20㎞。鈴鹿の関、不破

の関と並ぶ古代三関の一つ愛発《あらち》の関が設けられていた。

国道8号に復し、すぐに余南の標識を左、横波への脇道に入る。

9時25分　余南 ―――― 2万1032歩

▼余部《あまるべ》、余戸《あまるべ》、余目《あまるめ》、余市などと、「余」のつく地名があるが、古代律令制の行政区分の最小単位は「郷」で一郷は50戸。59戸までは一郷とするが、それ以上は余部などとして別の郷を設けた。
（浅井建爾著『日本の地名がわかる事典』）

都会風の小体《こてい》な家が多い。「丸子船の郷」。

塩津大川横波橋を渡る。

横波川沿いに蘖《ひこばえ》の水田が棚田状に続く。

かなり歩いて、不図《ふと》後方を振り返る。田の中を農道が延々と真直ぐに伸びている。一歩一歩の積み重ねの大きさを思う。只管《ひたすら》歩く。

村社《そんしゃ》日吉神社。社前の土手で花の手入れをしているお年寄りに、道を尋ねたり花の名前を聞いたりする。70歳ぐらいかと見当をつけたが、82歳という。

悠々閑々健康な82歳。

立派な生垣、石垣に囲まれて、庭、家屋、植木、物置などがゆったりと配置されてい

庄区の看板

庄の集落

る。ムクゲ、カンナ、イモの葉。

近くの畑の中に洒落《しゃれ》た帽子の人がいる。

9時40分

山道に入る。

熊対策のためラジオの電源を入れる。

10時02分　峠　　2万5876歩

標高300mほど。給水。

涼風が快《こころよ》く、至福の一瞬《ひととき》。

10時35分　　2万9470歩

山道を出る。

防猪、防猿の「電気牧柵　きけん」。

大浦街道に出る。前方に「庄」の集落。中央奥に寺院の大棟瓦《おおむねかわら》。

この辺り、余《よ》、中、庄、下、山などの一字地名が多い。

左、大浦川左岸を南下する。

土曜日、下校中の小学生7人ほどから挨拶される。田舎の子供は人懐っこく、礼儀正しい。麦藁帽子が可愛い。


高遠《たかとお》は山裾の町古き町ゆきあふ子等《こら》の美しき町　田山花袋

きれいな川水に魚影がチラチラ。川風が快い。

上空をゆったりと飛翔していた白い鳥が、急に降下し、草叢《むら》にふっと消え込むのが面白い。「春の小川」を歌う。

11時16分　JR永原駅――3万2005歩

琵琶湖を遠望しつつ、昼食、ビール。

すぐスタート。駅前を海津方面へ。

すぐ山側の線路の下をくぐり、黒山を目指す。

すれ違った日傘の佳人にモネの「日傘の女性」を想う。

川沿いの畦堤に地蔵尊。

川沿いの地蔵尊

11時50分　黒山――――――――３万４３９６歩

黒山石仏群１５０基、五輪塔40基。

予定の小《こ》荒路《あらじ》へ抜ける「万路越え」の道が分からず、国道３０３号の奥琵琶湖トンネル経由のルートに変更。山越えは難しい。無理は禁物。

村社稲荷神社、40基ほどの灯籠の列。

12時15分　奥琵琶湖トンネル（全長１１５５ｍ）――――

トンネルを出ると高島市マキノ町。西近江路（国道１６１号）である。七里半越えとも。北上すると敦賀に至る。南下し追坂峠《おっさか》を越えれば海津《かいづ》の湊《みなと》。

黒山石仏群

あらち山雪げの空になりぬればかいつの里にみぞれふりつつ　藤原仲実

追坂峠を遠望する。峠の比高は30～40ｍほどだが、知内川はこの峠を越すことができないで西に曲流する。

あの程度の峠を開削するのは、さほどの難事ではないだろうが、敢えてすることはない。知内川はいま豊かな水田を形成しつつ流れているのだから。

▼「水は流れるままに流れて屈託もなければ飾りもない、これが水の流れる自然の姿である。この姿の中に我々は無限の情趣を感ずることが出来る」野口雨情

知内川田谷《たや》橋を渡り、西進。白谷温泉まで、あと４㎞ほどか。

「浦」、「下《しも》」の集落、ここにも一字地名、酢、田、五。

妻側の破風《はふ》の下、懸魚《げきょ》の位置に「水」。川は田に恵みの水を潤すとともに、ときに水禍をも齎《もたら》す。

この辺り陰陽の地相で言えば、川に南面し背後北方に山を配する好地である。

　　ところどころ家かたまりぬ稲の中　子規

左手の丘陵は仲仙寺《ちゅうせんじ》山３８８ｍ。その山越えの途中に仲仙寺がある。

開山は泰澄。本尊は泰澄作の国宝千手観音。

▼千手観音は、千手千眼観音といい、千の慈眼で世を見渡し、千の慈手で衆生を救済するという。

集落の右は山裾の崖。姿のよい杉林が続く。野獣防ぎの厳重な柵垣にもかかわらず、

その柵を潜って来たのか、竹叢の中から野猿5匹が出てきた。

▼青森県下北半島の日本サルは「北限のサル」として知られている天然記念物だが、農作物の被害は深刻。鹿、猪は防護柵で防げるが、サルは木に登り柵を越える。下北ではシェパードを導入し、成果をあげている。山へ追い返すのである。

（2010・5・18産経新聞）

13時20分

マキノ北小学校の日陰で給水、小休止。

常栄禅寺。山門、鐘楼、本堂など、立派なお寺である。銀杏《いちょう》の古木。

正面高くは赤坂山か。

六地蔵

15時05分　マキノ白谷温泉八王子荘着 ——— 4万9033歩

稍々《やや》疲れた。只管《ひたすら》睡《ねむ》る。

4日目

マキノ白谷温泉～朽木《くつき》

6万6159歩／約37km

マキノ、今津を経て酒波《さなみ》寺を目指す。
赤坂山を越え、ビラデスト今津で昼食。
淡海湖、石田川渓谷を辿り保坂《ほうさか》に出る。
保坂から鯖街道を南下、朽木へ。

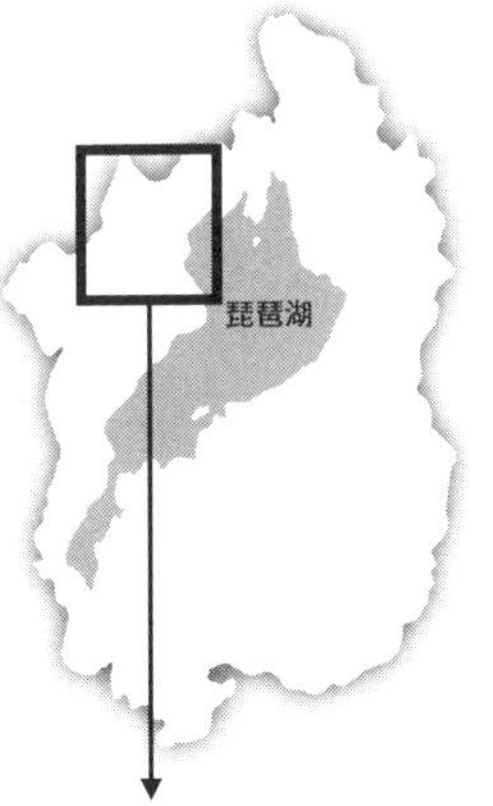

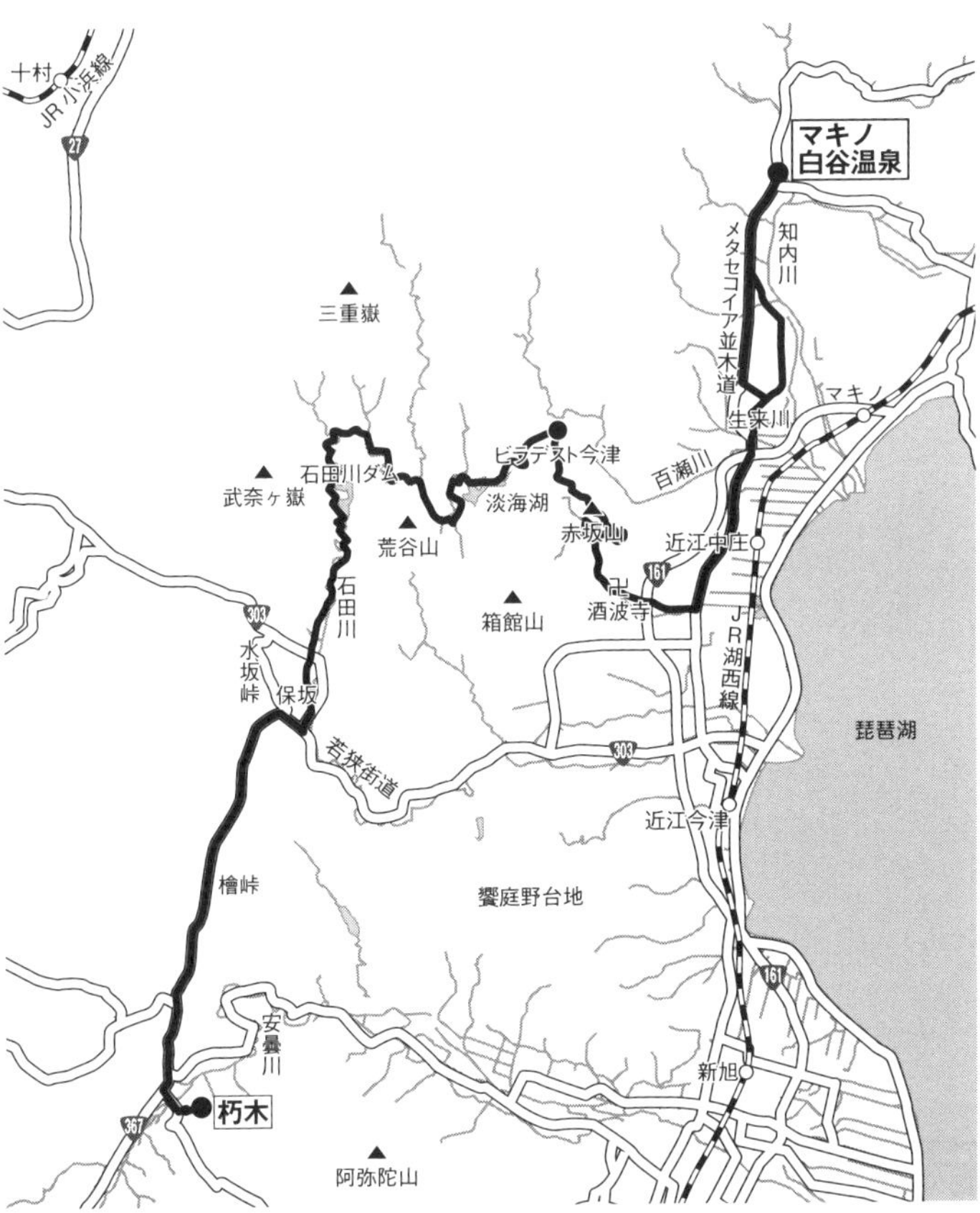

メタセコイアの並木道

6時　スタート

涼しい。朝霧。深呼吸。

八王子荘の前は稍々《やや》広い田園。早朝の静かな優景を楽しみつつ畦道を歩く。

左手に仲仙寺《ちゅうせんじ》山。その裾を知内川が流れている。白鷺、ツバメ。

白とピンクの百日紅《さるすべり》の花。遥かに琵琶湖の湖面が朝日に輝いている。

豊かな田園は知内川の恵み。

矢野遺跡、白谷古墳群など、早くから開けてきた土地なのだろう。

マキノ町牧野。民宿が多い。

マキノスキー場を経て、赤坂山の南のコルを越え若狭・美浜に至る粟柄《あわがら》越え。

水上勉『湖笛』。

メタセコイア約500本が並ぶ2・4㎞の見事な並木道。マキノ屈指のビューポイント。

▼メタセコイアはスギ科、和名アケボノスギ。樹幹は直立し、大きなものは高さ35mに達する。6500万

年前、新生代古第三紀からの「生きている化石」。

狸1匹、かなり迅い。

真宗大谷派東漸寺。

ジョギング2人、かなり良いフットワーク、夫婦のようだ。

栗、サクランボ、リンゴ、ブドウなどの果樹園が続く。

「四季折々楽しめる農業公園」

7時33分　高島市マキノ支所 ―――― 7328歩

かつてのマキノ町役場。

「中江藤樹生誕四〇〇年祭」

どんな町村にも郷土史、遺跡発掘・保存、伝承、植生などについて、在野の研究者が必ずいるものである。自治体等も支援している。郷土愛がしっかりと裏打ちしている。

平成の大合併で、マキノ町、今津町が消えた。

首邑《しゅゆう》は栄え、鄙《ひな》は寂《さび》れる。

きめの細い郷土愛が稀薄になりはしないかと危惧。

支所を右折、県道３３５号を南下。

地蔵尊

酒波寺

真宗大谷派天文山長法寺、天文4年（1535）創設。

生来川生来《しょうらい》橋。湖畔まで2kmほど。

長さ50mほどの小さな人道専用のトンネルを潜る。このトンネルの上に百瀬川の川床がある。草津川、野洲川、家棟川など滋賀県に多い天井川。

浄土宗帰命山無量寺。十数人で墓地清掃中。お年寄りばかり。

左、JR近江中庄駅。

桃園、柿畑《かきばたけ》がいくつか。このあたり果樹栽培の適地か。

今津町深清水、六地蔵。

左、1kmほどで琵琶湖、貫川内湖、今津浜。

境川橋。

右折し、境川沿いに西進、酒波寺を目指す。

なかなかの水量。流水もきれい。

ようやく暑くなって来た。竹叢の日陰が快い。

9時23分　真言宗智山派青蓮山平等院酒波《さなみ》寺　1万7096歩

聖武天皇の勅願寺。天平13年（７４１）開山は行基。山門脇にエドヒガン桜の大樹（行基桜）。桜の寺。80段ほどの石段の上に鐘撞堂、本堂、不動明王護摩堂。花壇。美しい境内である。小休止、給水。寛然。

再訪時、冬枯れの無人の境内の、寂びた佇まいもなかなか良かった。境川対岸に山神社。静かな境内である。

神祠るやしろ涼しきところかな　松本幸四郎『仙翁花』

9時40分　スタート

酒波谷林道を歩き、家族村ビラデスト今津を目指す。

▼右に古道「近江坂」への登り口がある。若狭闇見《くらみ》神社まで約23㎞。天平の頃には開通していたという屈指の古道。

現在地の標高１３７ｍ。目標地のビラデスト今津の標高は５０５ｍ、距離５㎞ほどだから、かなりの登り道になる。

曲折蛇行する近江坂を縫うようにして、酒波林道はゆっくり

境川の滝

と高度を上げていく、往時の旅人の息づかいが聞こえるかのようだ。

境川渓谷の景色を楽しみつつ、古道近江坂を黙然と上《のぼ》る。沢水の轟《とどろ》くなか、静寂を感じている。渓声渓色。

▼山道を歩くと、急勾配を避け、崖を巻き、沢を避け、休み処を設けるなど、うまく作られていると思う。古道は特にそう思う。

途中、林道が１８０度の大曲《おおまがり》をする処があり、境川と別れる。境川は直進し山腹に消え込んでいく。渓谷の轟音が消えた。

突然視界が広がる。すばらしい景観。眼下に安曇川扇状地、今津浜、饗庭野《あいばの》台地。遥かに、鈴鹿の山々。湖岸の曽遊《そうゆう》の地を目でなぞる。

琵琶湖遠景。手前湖岸に今津浜松並木。左手、手前から海津大崎、葛籠尾崎、伊吹山。右手奥遥かに霊仙山。湖上に竹生島

11時32分　家族旅行村ビラデスト今津 ——— 2万6427歩

ビラデストはフランス語で「村にて」。

広い芝生で景色を愛《め》でつつ昼食、おにぎりがおいしい。ビールと持参のウィスキーを少々。いい処だ。

おうい雲よゆうゆうと馬鹿にのんきそうじゃないか……　山村暮鳥「雲」

居座りて山を見ている山もまたわれを見ている碧い空の下　岩城康夫「青潮」

▼自由詩と定型詩の違いを思う。

忙中山我を看る　閑中人山を看る　相似て相同じからず　忙はすべて閑に及ばず

文天祥

11時50分　スタート

下り道、やや遅れ気味なので飛ばそう。

さらに酒波谷林道を行く。近江坂の一部である。

掲示に、「まわりの森や林は、小鳥や動物たちのすみかです」。

▼何千年、何万年にわたり、蛇、鼠、蜘蛛など多くの生き物が、谷に、林に棲みついている。彼等のワールド。植物は地球の先住者。

すぐに平《だいら》池、杜若《かきつばた》群生地。

流れの方向が南西に変わる。ビラデスト今津が分水界か。

左、箱館山ハイキングコース、箱館山スキー場。

石田川渓谷

コスゴ谷橋。

石田川渓谷。左右の山々の標高は５００〜６００ｍほどだが、比高差は２００ｍほどにしか見えない。柔《やわら》らかな山容、居然《きょぜん》たる崖、美しい渓流、いるであろう岩魚、広がる大空。

このあたり落石が多い。人の頭ほどの岩が道端にいくつも見受ける。頽石《たいせき》。

崖は堆積岩のようだ。手で簡単に剝がせる。

下りが続く。左右、山ばかり、山峡《やまかい》の道である。只管《ひたすら》歩く。

崖からの清水の滴《したた》り頻《しき》り。

一番うまい水は、山の水にとどめをさす　開高健

12時54分　材木谷

右手前方の山は武奈ヶ嶽８６５ｍか。

石田川かなやま橋。勁々《けいけい》たる急流。水の流れが岩頭に弾《はじ》け、飛沫《しぶき》が陽光に白く輝く美しい渓谷。河口のおおらかな様子とはまったく違う。

三重嶽《さんじょうがたけ》９７４ｍ登山口。三重嶽は石田川の水源地。その稜線に列島中央分水嶺・高

島トレイルが通る。歩きたい。

山頂まで植林がびっしり。ただよく見ると、近くの山麓の林地はやや頽然。間伐、枝切りなどの作業の人手《ひとで》の確保が難しいのだろう。

14時47分　石田川ダム ―――― 4万2850歩

キャンプ場「リバーランズ」、10組以上がキャンピング。川釣りには良い時季なのだろう。

人里に出る。今津町角川《つの》。両側に水田。六地蔵。

▼地蔵信仰は平安時代末期、浄土教の地獄の思想とともに、日本独自の六地蔵信仰として広まった。地蔵菩薩は衆生済度のため六道（地獄、餓鬼、畜生、修羅、人、天）の果てまで駆けめぐり、地獄の猛火の中にまで赴くという。

「三途《さんづ》の扉《とぼそ》を押し開き、猛火《みょうくわ》の炎をかき分けて、地蔵のみこそ（われわれを救いに、地獄にまで）訪《と》うたまへ」（「梁塵秘抄《りょうじん》」40）

「お地蔵さん」は、寺や墓の入口、街道、畦道、山道など至る所に立っている。地蔵信仰は長く、広く、根強い。

▼同じく「梁塵秘抄」26に「仏は常にいませども現《うつつ》ならぬぞあはれなる」。

右、水坂《みさか》トンネル

角川の六地蔵

救護施設・橡生《とちう》の里角川《つのかわ》ヴィラ、４階建の白くきれいな建物と緑陰豊かな広い敷地。その敷地内を数人がゆっくりと歩いている。

道路に出て来た人と話す。美しい少女が付き添っている。「脳梗塞で倒れたが、ここまで良くなった」と明るく話す。「酒が好きで血圧が高かった」とも言う。

16時03分　保坂《ほうさか》橋 ―――――― ４万９４９３歩

左、国道３０３号を石田川沿いに１６１号を直進すれば２㎞ほどで琵琶湖畔の今津に出る。

右の山道・国道３６７号を行く。朽木まで９㎞ほど。山峡《やまかい》の日暮れは早い。急ごう！

ほどなく保坂。右は若狭街道（九里半越え）、水坂《みさか》峠、熊川を経て若狭・小浜に至る。


近江なる水坂すぎつ北みれば若狭のうみに雁《かり》わたるかも　京極高次

（水上勉著『湖笛』）


今津・途中谷。

真っ直ぐ３６７号を南下、蕭条《しょうじょう》たる山道を行く。

ほどなく檜峠。この辺りの林地も荒れている。折角の植林が惜しい！　植林した三十数年前と現在の日本の社会の変化が背景にあるようだ。植林した古老達は現在《いま》をどう思っていることだろう！

北川沿いの下り道を急ぐ。

麻生川

麻生川三ツ石橋。蛙岩。ここはもう朽木。日が暮れてきた。

やがて市場、朽木の首邑。

▼元亀元年（１５７０）越前朝倉氏を攻めた信長は、浅井氏の叛に遇《あ》い、敦賀を撤退し若狭街道を経て、ここ朽木・市場で軍を纏《まと》め、大原を経て京に帰還した。その後姉川の戦い、小谷城攻防、朝倉・浅井氏の滅亡へと戦国絵巻が繰り広げられていく。

赤い欄干の山神橋。左、安曇川左岸を下れば、朽木陣屋跡、資料館がある。

▼朽木氏は宇多源氏・佐々木信綱の裔《えい》。江戸時代、９５９５石の準大名として幕末に至る。

安曇川右岸は名勝朽木渓谷、近江の邪馬渓。

説明板に曰く、

安曇川

安曇《あど》とは古代の氏族・安曇《あずみ》氏に関係する地名で、これらの人々は大陸より漁をしながら日本海を渡って来て、日本列島に住みついた海人《あま》の一族といわれます。彼等の渡来は弥生時代に始まり、数世紀の間安曇川一帯に定住していましたが、なぜか六世紀には当地から姿を消したと考えられます。今日では安曇川周辺にはこの安曇や海人に関連すると思われる地名が数多く残っています。

街道をゆく—湖西の安曇人　司馬遼太郎

「安曇は、ふつうアヅミとよむ」

「アズミは厚海、渥美、安積、熱海と様々に書くが…」

・「倭には奴《な》の国というのがあると言われているが、この奴の種族が安曇であることはほぼ間違いあるまい」

「筑前糟屋郡阿曇郷が安曇の故郷であろう」

▼6世紀初頭、応神天皇の5世の孫にあたる男大迹王《おおどおおきみ》（継体天皇）が大王位に即位。その継体天皇の父・彦主人王《ひこうしのおおきみ》の墓・王塚（稲荷山古墳）が安曇川平野の三尾里にある。

その継体天皇の大和入りと安曇人の消滅とには、なんらかの関連があるのだろうか。

市場の街中《まちなか》には歴史を偲ばせる重厚な建物が並ぶ。丸谷百貨店。左右の流水溝もよく整備されている。

曹洞宗円満寺。

17時25分　安曇川船橋 ――――――――― 6万6159歩

今日の宿・笹百合荘が判らないので電話を入れるとすぐ迎えに来てくれた。

朽木の花「笹百合」

すっかり暮れた。

やや疲れた。酒がうまかろう！

夕食は、山菜のあえもの、焼鯖ずしなど女将さん手作り料理のオンパレード。肉鍋が酒によく合う。旨酒《うまざけ》、呵呵《かか》！

それほどにうまきかと人のとひたらばなんと答へむこの酒の味　牧水

人の世にたのしみ多し然れども酒なしにしてなにのたのしみ　牧水

只管歩行

大空会のこと

前書『琵琶湖三十三万八千歩』上梓のすぐ後、上原、稲泉両氏と定例的にウォーキングをすることとした。

爾来、月1回、20～30kmほど。すでに3年有余《ゆうよ》40数回を数えるに至った。

有志も10人ほどとなり、大空会と号す。

我々は大空の下　只管《ひたすら》歩き　やがて大空に帰る（稲泉敦彦）

全員健脚にして愛酒家。昼食時には、各自持参のビール、酒、ワインなどを軽くやる。夕方ともなれば、地酒・地肴菜で大いにやる。談論風発。

全員白寿を目指す。

①野川お花見　約23km　国分寺日立庭園→深大寺

②高麗郷ウォーク　高麗川駅↓東飯能駅　（注）②は2回目

古《いにしへ》の渡来人の里。その里に彩りを添える巾着田の彼岸花《ひがんばな》。（上原昭記）

③多摩川行　約99km　小河内ダム↓⑤↓⑦↓⑨↓穴守稲荷

㉔多摩川源流笠取山　約13km

富士川、多摩川、荒川の分水嶺の小高い丘、その丘の斜面のどこに（雨が）降るかで流れ行く先が変わる。（堺田徹）

④三浦半島　横須賀・戦艦三笠、城ヶ島一周

⑥赤穂義士道中　約12km　両国吉良邸跡↓泉岳寺

⑧真鶴半島周遊

小雨降る中、中川一政美術館を訪ね、地元の魚を堪能。（三木彬生）

⑩山手線一周　約50km　赤羽駅↓⑪品川駅↓池袋駅

デジカメで撮った32駅は一生の宝物になりそう。（稲泉敦彦）

⑫玉川上水花見行　約23km　鷹の台駅↓拝島駅

⑬都電荒川線ぶらり　約20km　早稲田↓三ノ輪

⑭石神井川散歩　約40km　武蔵小金井駅↓赤羽駅

十条から王子にかけての両岸の桜が見もの。（中村貢）

⑮箱根芦ノ湖西岸ウォーキング　約15km

⑯野川逍遥　国分寺駅↓二子玉川駅

⑰鎌倉街道散策　約23km　町田駅↓西国分寺駅

⑱浅川ウォーク　高尾駅↓聖跡桜ケ丘駅

⑲北沢川緑道・目黒川ウォーク　桜上水駅↓品川駅

⑳新河岸川遡行　柳瀬川駅↓㉒志木駅↓川越駅

㉑隅田川漫歩　新橋駅↓赤羽駅

㉓神田川・善福寺川花見行　浅草橋駅↓吉祥寺駅

㉔甲州街道遠征　高尾駅↓㉕↓㉖↓㉗↓㊵↓韮崎

釘《くぎ》一本も使ってない木造りの猿橋と桂川の渓谷美。（恵志健良）

大善寺泊での岡野・三木両氏の棋戦（碁）の死闘。（中原弘）

㉘荒川遡上　葛西臨海公園駅↓㉙↓㉚↓㉛↓寄居駅

㉜関東大学箱根駅伝ウォーク　１０８km　大手町↓㉝↓㉟↓㊲↓箱根芦ノ湖

鈴が森刑場跡、生麦、二区の難所権田坂、遊行寺、大空会の仲間と飲む酒はいつも美味しい（昼食）、伊藤博文・吉田茂邸跡、最高点８７４ｍ、「箱根八里」を合唱、完歩の満足感あり。（西川正道）

㉞青梅観梅遊行　宮の平駅↓沢井駅

㊱**中川お花見漫歩**　藤の牛島駅↓幸手駅
権現堂堤の見事な桜、宴《うたげ》。（上原昭記）

㊳**野火止用水ウォーク**　拝島駅↓新座駅

㊴**三浦半島西岸探訪**　逗子駅↓三崎口駅

㊵**仙川巡行**　二子玉川駅↓吉祥寺駅

㊶**東京下町運河探索**　有楽町↓木場↓浅草
深川、木場、本所界隈《かいわい》は池波正太郎の世界。掘割と橋。（稲泉敦彦）

㊷**三浦半島遊覧行**　京急横須賀中央駅↓久里浜
観音崎周辺の景観、ペリー上陸の地久里浜。（増田一夫）

里山を行く楽しさ

里山に大景観は少ない。里山行《こう》の良さは雑木林、畔道、道端の草むら、集落の佇まいなど、何気ない小景にある。

落葉、熊笹、小花などが織り交《まじ》り合う草叢《むら》の、その下から流れの音が幽《かそ》けく響く。小暗《おぐら》い谷間《たにま》には何千年にも亙《わた》り「いのちの曼荼羅《まんだら》」が繰り広げられている。

聳《そび》える山稜の、その山裾《やますそ》深くはるかな甍《いらか》を目指し歩く。そこが曽遊《そうゆう》の地であるならば、邂逅《かいこう》の楽しさをさまざまに思いなし、一歩一歩と歩を重ねる。

ついに辿り着いた山門鳥居を迎ぐことの嬉しさ。


きつい登りの末前方の木々の梢に空が垣間《かいま》見え、峠の近いことを思う。

峠には広場があり、休む。時間ならば昼食をとる。ビールのうまいこと。無上の一時《ひととき》である。

涼風が吹き大空が広がる。心が和《なご》む。


　山を見よ山に日は照る海を見よ海に日は照るいざ唇を　牧水

眼下の集落を眺めつつジグザグに高度を下げ、やっと山道を出て里道を行く。家々の門辺に行きついたときの、ほっとした思い。

宿に着き、湯につかる。

　春百里疲れてひたる湯船かな　詠人不詳

夕食となる。酒・肴。5～6人ほどの友達とあれこれ話す、ときに誰も聞いていないのに一人興奮してしゃべる。相槌などあろうものなら、さらにまくし立てる。

　酒という文字を見るさえうれしきにのめという人神か佛か（仙台・晩翠草堂にて）

里山といえども、コンディションは整えておかねば、自分も楽しくないし人に迷惑も掛ける。だいいち酒が旨くない。

歩くことは楽しい。その一歩一歩を楽しむ。

甲州街道猿橋にて

5日目

朽木〜JRおごと温泉駅

5万9174歩／約30㎞

安曇《あど》川《がわ》渓谷を南下。
花折《はなおれ》峠を越え、伊香立《いかだち》途中町までほぼ20㎞。
仰木の里の棚田を見る。

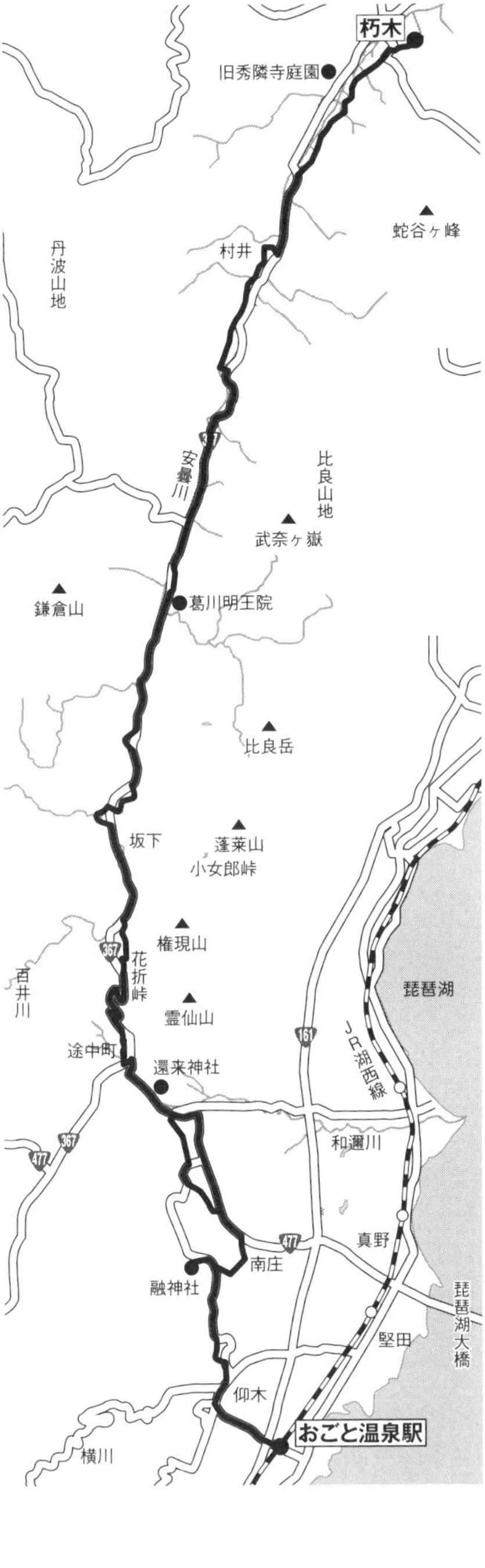

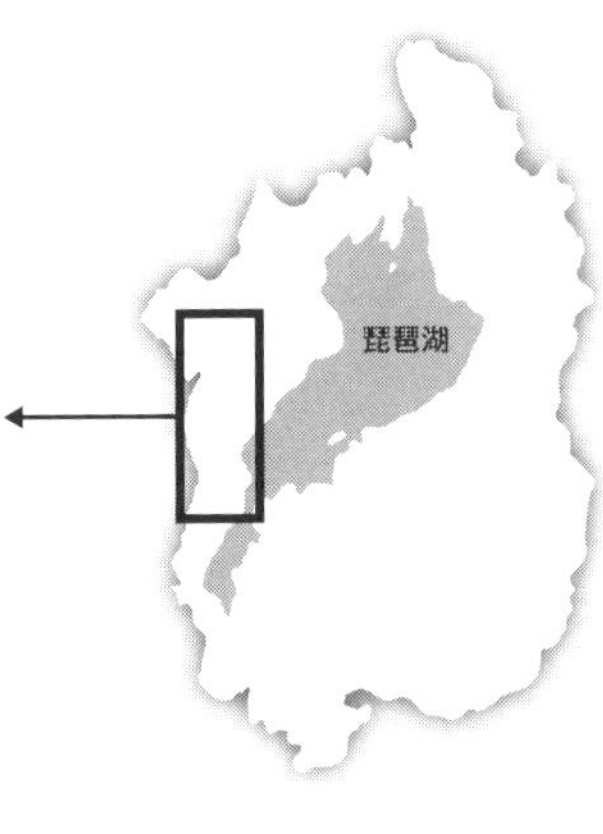

朽木の里の朝靄

邇々杵神社多宝塔

6時　朽木・笹百合荘スタート

▼山峡《やまかい》のことなので全天の様子は分らないが、曇りの一日だろう。

邇々杵《ににぎ》神社。その奥に立派な多宝塔。その多宝塔を見ながら軽く体操。

10分ほどで安曇川船橋、標高１７４ｍ。

左岸は国道３６７号。歩道が整備されておらず、車も多い。

右岸の山裾《やますそ》の早朝の静かな道を行く。

すぐに入部谷川須野子橋。

堆積岩らしき巨石が数個無雑作に道端に転がっている。このあたり、太古は海の底だったということか。

▼丹波高原と比良山地に挟まれている安曇川渓谷。ここもさまざまな地殻変動があったところなのだろう。

左右、杉檜の林。間伐もキッチリなされている。朽木は九割以上が山林。林業は朽木の大切な産業。高齢化、人手不足の時代にあって、その林業をどう守るか。

木地山。

朽木オートキャンプ場、グリーンパーク想い出の森、くつき温泉てんくう。

朽木・柏《かせ》。

対岸に名勝・旧秀隣寺庭園。その山手に曹洞宗高巌山興聖寺《こうしょうじ》。

かなりな年齢の婦人が畦道のお地蔵さんに熱心に手を合わせている。聞くと、「娘の眼病が癒るように祈っている」とのこと。「3人の子供は、すべて外に出て、（夫婦）二人だけで暮らしている。どちらかが病気になれば生きていけない。冬、一人ではあの家を守れない」と指さす屋敷は、相当に立派なもの。「姥捨山に住んでいるようなものだ」とも言う。限界集落の雰囲気が漂う。

繁栄する日本にあって、われわれは父母《ちちはは》をさえ守れないのか。

6時59分　桑野橋、国道367号に入る。車多し―　6025歩

植谷林道蛇谷《じゃたに》ヶ峰登山口、蛇谷ヶ峰は比良山系北部の主峰。

大野の集落。集会所の前に歌碑が、

民家

来てみれば久しく年をふるさとのむかし忘れぬ峰の松風　池田白鴎

▼池田白鴎は明治の書画家、朽木の人。文人墨客。

「熊出没注意」

▼熊は怖いが、追われているのは熊の方である。捕獲され、絶滅に瀕している。ツキノワグマは今では湖北、湖西の一部にしか生息していないという。

崖から水が滴《したた》る。飲む。うまい！　沁沁《しみじみ》とうまい。

へうへうとして水を味わう　山頭火

落葉《おちば》するこれから水がうまい　山頭火

7時34分　村井橋　安曇川がゆったりと流れている――8838歩

左岸に渡る。静かな里道を行く。

棚林谷川池の沢橋、擬宝珠《ぎぼうしゅ》の付いた朱色の欄干。

ゆっくりとスクールバスが近づいて来る。手を振る。窓ごしに応《こた》えあり、車内は4人。小学生か。

池の沢遺跡。説明板に、「安曇川から高さ20ｍの河岸段丘上に位置し、後一条天皇や貴人の隠棲伝説が残っている」。

広い庭園跡。鎌倉時代前期のもの。景勝の地である。

左、釣瓶岳、武奈ヶ嶽など比良南部の主山塊。さすがに重厚。

右、急斜面に見事な杉、檜葉《ひば》の林。標高２４０ｍほどの谷間《たにあい》の道を坦々と行く。

宿で拵《こしら》えてもらったボリュームたっぷりの弁当で朝食を摂る。「朽木谷はマイナス10度にもなる。雪も多い。夏は暑い」「朽木米はおいしい。水もきれい。良いところだ」と宿の女将さん。

サイクリスト６人。互いに手を挙げ、一揖《いちゆう》。

越前・若狭は古代、大陸文化の入口。都への食材提供地、御食国《みけつくに》。

ここは古くから都への通り路。さまざまな人文貨物《じんぶんかぶつ》が往来したことだろう。

８時30分　前川橋

国道３６７号に復する。

朽木名物鯖寿司「へん朽《くつ》」、ユーモラスな屋号。偏屈《へんくつ》。焼鯖寿し。

8時54分　大津市葛川《かつらがわ》細川町 ―――――――

京都出町柳まで40㎞弱。

シシ鍋。

二宮神社。50段ほどの石段の上に本殿。一つ屋根の下で、左右に摂社を従えているのが珍しい。

貫井《ぬくい》谷貫井橋。

9時40分　梅の木 ――――――――― **１万９５１４歩**

町居橋。

10時20分　明王谷坊村橋（標高３０５ｍ） ――――――― **２万３０２２歩**

西、鎌倉山９５０ｍ。

葛川渓谷のこのあたり、キャンプ地としては良いところ。朝夕には河鹿蛙《かじかがえる》の美しい声が聞こえるという。

葛川明王院。開山相応《そうおう》和尚《かしょう》（８３１～９１６）、比叡山千日回峰行《かいほうぎょう》を開く。葛川百日参籠。不動明王信仰。
僧侶を天台宗では和尚《おしょう》と呼ぶ。亡くなると和尚《かしょう》と。
真言宗では和尚《わじょう》。浄土宗、浄土真宗、日蓮宗などでは上人《しょうにん》とも。

比叡山千日回峰行は、７年１０００日を満行とする、約３万８０００km。最初の５年間は１日30km、６年目は60km、７年目は84km。回峰行はもとより歩くのが目的ではなく、峯々を巡りつつ、拝み祈る「行《ぎょう》」である。最難の行は「堂入《どういり》」で、９日間、断食・断水・断眠・不臥で専心念誦《ねんじゅ》行。死ぬ人も出るという。昭和62年、酒井雄哉師が二千日回峰を満行。

明王院の鎮守神・思古淵明神《しこぶちみょうじん》（水の神）を祀る地主《じしゅ》神社の木造りの鳥居。
明王谷にかかる三宝橋を渡り、40段ほどの石段を上ると本堂に出る。千手観音立像。
この明王谷の山道を行けば堂満岳１０５７m。10kmほどで近江舞子に出る。
「よもぎそば茶坊」で昼食。具沢山のおいしいそば。

左右、杉・檜のすばらしい林が続く。
葛川中村。安曇川上流のこのあたりを葛川《かつら》と云う。「崩れ川」が由来と謂う。

トマト、ナスの畑。
道の左脇に「よのみの木」、樹齢300年、樹高10m。榎《えのき》である。

11時09分　中村橋（標高326m）————2万5608歩

坂下トンネルの手前で、旧道の渓谷の道を行く。
安曇川は花折峠入口を過ぎる辺りで、左手の比良・権現山の山塊に押され、右手南西に曲流する。名も百井川と変え、水源の地・京都花背《はなせ》を目指す。
鯖街道は安曇川と別れ直進、霊仙山の山腹へと入り込み、花折峠、途中峠を経て、大原、京洛を目指し只管《ひたすら》南下する。京《みやこ》への最短コース。

12時56分　花折《はなおれ》峠入口（標高500mほどか）————3万4662歩

13時16分　花折峠（標高624m）花折断層————3万6289歩

「花折峠の由来」は「葛川明王院の僧が、ここまで毎日供花樒《しきみ》を取りにくるから」とある。この峠が明王院との結界。

花折の峠を行けば生きかはり死にかはりこしわれかとおもふ　前登志夫

還来神社

途中町の地蔵尊

前方に伊香立途中町の町並、遥かに奥比叡の山々。

13時34分　峠口を出る――3万8397歩

比良山地南端の霊仙山750mが目の前に。その西麓を南下していく。

14時14分　途中橋、極楽橋――

和《わ》邇《に》川《がわ》に沿って伊香立、堅田方面へ左折。

比良山地は終わり、眼前に3層ほどになって比叡の北峰が立ちはだかる。その奥に大比叡の山顚が覗いている。

いまの世をいかにか思ふかく問へど人にあらねば比叡は答えず

吉井　勇

14時42分　還《もどろ》来《き》神社――4万4592歩

祭神は藤原旅子《たびこ》。鬱蒼《うっそう》たる神社の杜《もり》、その背後は霊仙山の山麓。

鳥居の前の大イチョウ。

▼「還来」の由来は、桓武天皇の妃、淳和《じゅんな》天皇の母である藤原旅子の遺命により、その生地であるここに「還《もど》って来た」というところから。

国道477号を真っ直ぐ、琵琶湖大橋方面へ行く。左へ行けば和邇《わに》へ。

ケアサービスセンターの大きな建物。

国道を道なりに下る。左に霊仙山の山麓が、ゆっくりとしたスロープで広がっている。グランドな景観。

右に奥比叡が迫り、さほど遠くなく琵琶湖が眺められる。

見てあれば身に迫り来るものありて比叡の山気《さんき》の鋭《と》さを思ふも　吉井　勇

比叡おろしいたくなふきそゆうぐれの寒き逵《つむじ》をゆく人のため　吉井　勇

▼吉井勇の歌う比叡山は、もとより京都側からのものであろう。

15時52分　南庄 ――――― 5万500歩

融《とおる》神社への表示のあるところを右折、仰木の里を目指す。

うねる丘陵の道を歩く。南庄の邑《むら》に入る。緑濃い集落に立派な家並が続く。

光明寺。

16時16分 ――― 5万2073歩

擬宝珠《ぎぼうしゅ》のあるベンガラ色の欄干の岡本川唐崎橋。
右手前方の融神社を訪《おとな》う。
祭神は河原左大臣源融。源氏物語の光源氏のモデルとも。

陸奥のしのぶもじずり誰故に乱れ染めにし我ならなくに　源　融

結界たる鳥居を潜《くぐ》ると、木立でやや薄暗い長い参道。異界に入ったかの印象。
参道を粛然と側行する。
蒼然たる古社。神奈備の気が漂う。

唐崎橋に戻り、仰木を目指す。重量感ある甍《いらか》の家々が並ぶ。
棚田の風景がしっとりと美しい。棚田の道をゆっくりと上《のぼ》る。
ここ仰木の里は写真家今森光彦氏のフィールド。
秋であれ、夏であれ、朝陽であれ、夕景であれ、素晴しい里山・棚田の写真である。

仰木太鼓

仰木の棚田（菅野忠画）

里山という言葉を敷衍《ふえん》させたのも今森氏であるという。

ここ仰木の棚田には「貧しく、重労働」という印象はなく、むしろ豊饒《ほうじょう》の地という感じさえする。

忽然《こつぜん》前方左手、湖上はるかに三上山が斜陽を浴《あ》び、杳然《ようぜん》浮かんでいるのが強く目に付く。凝然《ぎょうぜん》と魅《み》入る。

天神川。

16時50分　仰木

奥比叡ドライブウェーの入口。その三叉点を左へ、おごと温泉駅に向かう。

辻ヶ下バス停で小休止、給水。

前方に湖西道路バイパス。ＪＲ湖西線はその向こう。やや黄昏《たそがれ》。

スマートな白い車体の特急列車。

ベットタウン仰木の里。県立北大津高校。

17時37分　JRおごと温泉駅 ——— 5万9174歩

日没。
駅前の広場に、仰木太鼓の像。
長い一日であった。
湖畔のビジネスホテル湖琴荘。

吉井勇「酒ほがい」　※「ほがふ」は寿《ことほ》ぐ、祝う、祈る

寂しければ山酒酌めどなぐさまずただしらじらと酔いつつぞ居《を》る
茄子を焼き山酒酌みてほのぼのと遠びと思へば夕餉たのしも
しみじみと見れば悲しき酒のいろわれの心のいろやうつれる
もの云はでひと日二日は過すなり身を草木と思ひなしつつ

6日目

JRおごと温泉駅～JR大津京駅

2万8137歩／約13km

雄琴・千野地区を経て、比叡山東麓をゆく。
安楽律院《あんらくりついん》、松禅院、西教寺、日吉大社、
近江神宮、大津宮錦織遺跡などを巡り、
大津を目指す。
ゆっくり廻ろう。

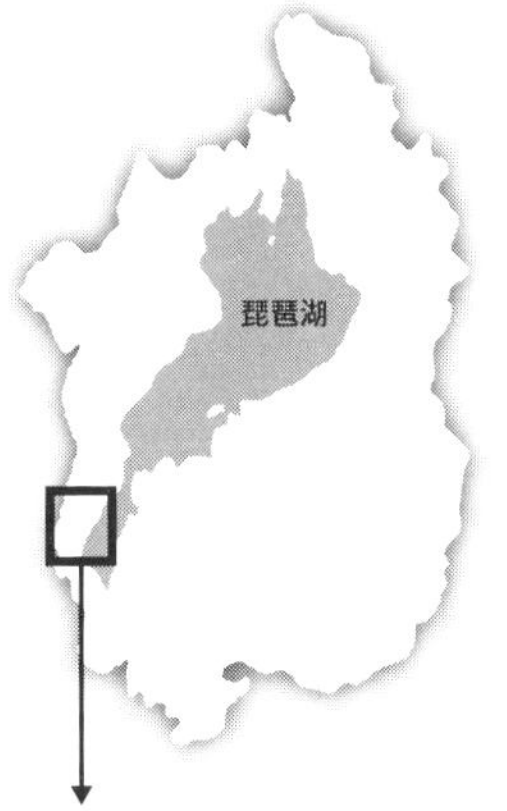

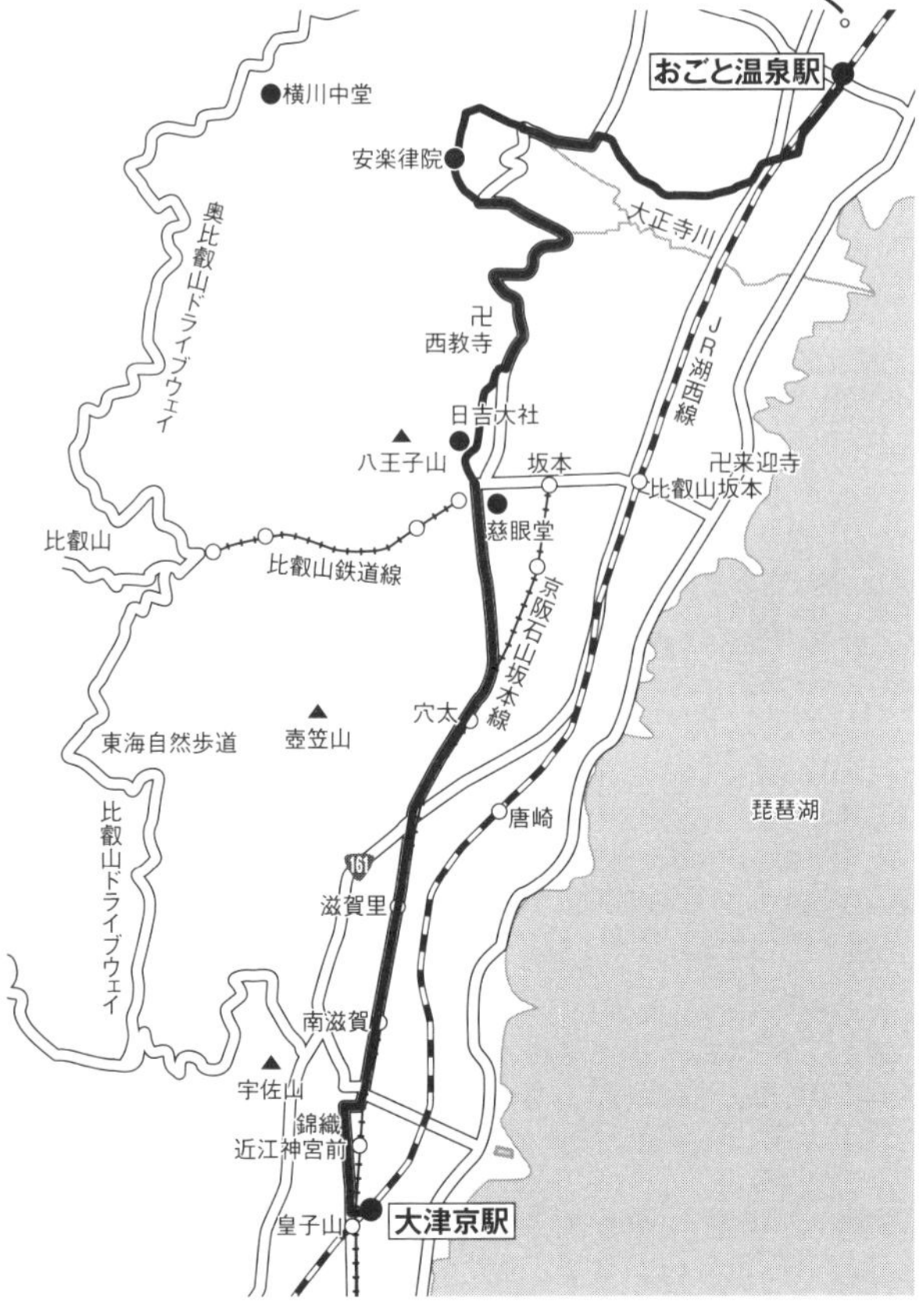

千野地区寸景

6時　JRおごと温泉駅スタート

軽く体操。

線路沿いに、湖側の緩い上り道を大津方面へ歩く。

▼やや肌寒く、15度くらい。東方、鈴鹿上空は澄んでいる。今日も晴天か。

6時25分

湖西道路を跨ぐ。道標あり、左折し中部北陸自然歩道を行く。

安楽律院を目指す。

千野地区は高台、すぐ見晴しの良い処に出る。

対岸に朝陽《あさひ》を浴びて、麗然と浮かぶ三上《みかみ》山がまず目に付く。遥《はる》かに、棚引く朝靄の上に、鈴鹿の山並みが美しい。右手奥は湖南アルプス、信楽の山々。

清々しい琵琶湖の朝。鮮、麗。※「麗」とははなやかな字であると思う
深呼吸。


道端にすずめが数羽、朝餉《あさげ》か。

左元三《がんさん》大師、右常光院。常夜灯、辻堂の小祠、小さな鳥居。重厚な瓦屋根、板塀、石垣、坪庭と庭木・庭石。

道に迷う。左手の下りの急斜面の細道に入り込む。広がる棚田の風景に魅《ひ》かれ、迷うにまかせ、谷への道を下《お》りていく。１枚１反ほどの棚田が30枚ほども広がる。大正寺川。

仕事前と思われる人と話す。「15年かけて33町歩作ったのに、今は減反だ」「１反７俵かな」１反は９９０㎡、１俵は60kgほど。

「あとをやってくれる人がいない」と嘆く。

元の道に引き返す。犬を連れた散歩の佳人に道を聞く。

中部北陸自然歩道に復す。

里の道は枝道が多く迷いやすい。土地の人に尋ねるのが一番。

家並を抜け林間の道に入る。緩い下りの小暗く静かな里の道である。

まもなく、やや広やかな土地に出る。前面に水井山７９４ｍ、横高山７６７ｍ。

北比叡の山裾に巡り着いたようだ。

数十枚の水田が広がっている。

7時 「千野の里」の碑 ―― 5158歩

棚田の景色を賞《め》でつつ、朝食を摂る。
スタート、すぐ林間の道へ、いよいよ比叡山の懐《ふところ》に入っていく感がある。

8時03分 安楽律院 ―― 7890歩

趣《おもむ》きのある四脚門の山門。苔むした55段の石段の上に、礎石のみが残る律院の遺構がある。無住と見えたが、奥の御堂から読経《どきょう》の声と木魚の音が伝わって来る。そのお堂の手前に住居《すまい》らしい一棟《ひとむね》。布団、帚《ほうき》、食器などが見える。寺守《てらも》りの修業僧のものか。

礎石の石組みに坐り、しばし静邃《せいすい》の気を楽しむ。

▼再建せず、ここはこのままで良いのかもしれない。

8時22分 ――

山門に戻り、参道を進む。途中、髭《ひげ》の立派な人と出会う。会釈してすれ違う。髭は僧らしくないが、僧か。

松禅院飯室《いむろ》不動堂。八角の宝形造《ほうぎょうづく》の千手堂、拝堂は工事中。五十数段の上に不動明王本堂。飯室谷は延暦寺「三塔十六谷」の一つ。

右の山道は横川《よかわ》本坂。横川中堂まで2kmほど。

横川中堂は最澄、円珍とともに天台三祖と仰がれる円仁が開いたが、大火災により荒廃した。

その後平安中期、慈恵《じえ》大師良源（元三《がんさん》大師とも）が復興し、「叡山中興の祖」と仰がれている。

「入唐《にっとう》求法巡礼行記」（円仁）

承和5年（838）入唐。爾後《じご》9年間で約1万kmを歩く。

延々たる大地を、山を越え、河を渉《わた》り、道なき道も往った。

円仁は歩くことを重視した。歩作務、歩修業、回峰行。

（参考…阿南・ヴァージニア・史代著『円仁慈覚大師の足跡を訪ねて』ランダムハウス講談社）

参拝後、石積みの道を辿る。

慈忍和尚の碑。

西教寺

▼慈忍和尚は元三大師四哲の一人、安楽律院の開基。横川、飯室谷を開いた。

県道47号に出ないで、直進、山越えの道を選ぶ。

8時52分　——————　９４５３歩

古い木橋を渡り杣道に入る。倒木多く、滑りやすい処が３ヶ所。

葛の花踏みしだかれて色あたらしこの山道を行きし人あり　釈超空

9時19分　山を出る給水　——————　１万９０４歩

県道47号、中部北陸自然歩道。桜木の紅葉は渋く趣きがある。路上に折敷く落葉もまた良し。

ようやく太陽も高くなり、気温も上がって来た。快適！

養護老人ホーム真盛園。

9時39分　天台真盛宗総本山・戒光山西教寺《さいきょうじ》　——————　１万２０１９歩

真盛上人開基。薬師如来坐像。

滋賀県内に１００ヶ寺、全国に４５０ヶ寺余の末寺を擁する。

不断念仏萬日供養塔

芭蕉句碑

天台三派。延暦寺（山門）、園城寺（寺門）、西教寺（盛門）。

本堂の前の庭の隅に「不断念仏百萬日」を目指す「萬日供養塔」が、元禄7年（1694）の「七萬日」から平成11年（1999）の「一八萬日」までが何気なく並んでいる。一万日で27年余。一八万日で493年、百万日達成は西暦4200年頃。発願以来すでに500年。久遠の念仏行。

境内に光秀の妻の墓がある。そのすぐ右に芭蕉の句碑。

月さびよ明智が妻の咄しせむ

さらにその右に「南無阿弥陀仏」とのみ刻まれた、さほど大きくもない石塊が沈然と踞《うずく》まっている。「明智光秀とその一族の墓」とある。

信長の兵火に焼かれた西教寺を再建したのが光秀であった。

光秀忌6月14日。

千躰地蔵尊

日吉大社山王鳥居

西教寺を出て、日吉大社東本宮を目指す。

途中、八講堂・千躰地蔵尊がある。いかにも「石の近江路」らしい佇いである。このあたりからの琵琶湖の鳥瞰が素晴らしい。

右、八王子山、日吉大社の神体山《しんたいざん》。ここで多くの人々が信長の兵箭に遭った。

近江の神体山として、八王子山、三上山、竹生島の三山が、まず挙げられる。

川を渡り大社の神域に入る。静かな杉林の道。森閑。

日吉大社古墳群。

10時04分　国宝日吉大社東本宮————1万3627歩

境内を巡り、日吉三橋の一つ、大宮川に架かる大宮橋を渡る。

独特の山王鳥居をくぐり参道を出る。県道47号に復す。

右、比叡山への本坂。

世の中に山てふ山は多かれど山とは比叡のみ山をぞいふ　天台座主慈円

ケーブル駅。延暦寺学園比叡山高校から高々と竹刀の音。

藤の木川権現橋。

右、比叡山無動寺坂。

滋賀院門跡、慈眼《じげん》堂。穴太積みの石垣の静かな「造《つく》りの道《みち》」。

▼慈眼堂は天海大僧正（慈眼大師）の廟所。黒衣の宰相。金地院崇伝とともに家康の顧問。日光山輪王寺にも天海の廟所慈眼院がある。川越大師・星野山喜多院《せいやさんきたいん》、東叡山寛永寺なども天海縁《ゆかり》の寺。天海の生年出自には諸説があるが、会津の人ともいう。随風。

　　叡慮に賑《にぎわ》ふ民や庭かまど　芭蕉

京阪電車の線路と併行して南下する。

四谷川橋を渡ると穴太《あのう》。穴太衆。

▼anoh は ana と oh のリエゾン（連声）。

このあたり比叡の前山・壺笠山が東に押し出しており、地形としては大津京の北の虎口《こぐち》の位置になっている。

慈眼堂阿弥陀如来像

真木子の歌碑

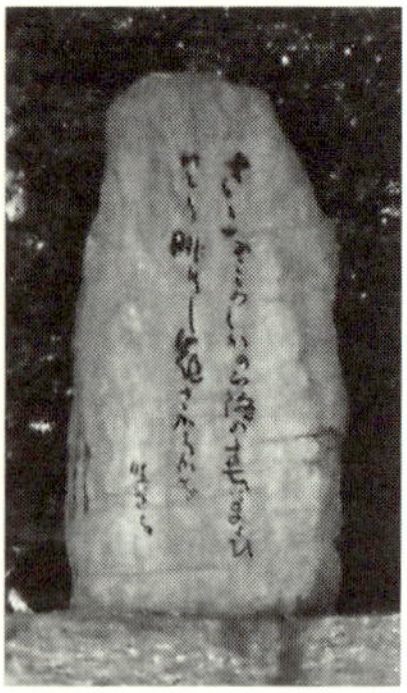
保田與重朗の歌碑

12時25分　近江神宮——2万2493歩

▼近江神宮は天智天皇を祠る。創建昭和15年。3万7000㎡の林苑が宇佐山一帯に造成、植樹され、今日見るごとく鬱蒼たる森を形成している。

50段ほどの広い石段を登る。豁然《かつぜん》と神社の杜《もり》が眼下に広がる。その奥へ進み、拝殿、本殿を訪う。本殿裏が御神体山・宇佐山300m、宇佐八幡宮が鎮座。

歌碑が幾つも、

藤波の花は盛りになりにけり平城《なら》の京《みやこ》を思ほすや君　大伴旅人

ささなみの国つ御神の心《うら》さびて荒れたる京《みやこ》見れば悲しも　高市黒人

さざなみのしがの山路の春にまよひひとり眺めし花ざかりかな　保田與《よ》重朗《じゅうろう》

人間の知恵のはじめよひそひそと秘色の水に刻まあたらし　真木子

おびただしい奉納歌の碑。

比叡より立たる虹の大らかに湖をまたぎて鈴鹿べに落つ　飯田棹水

県境のすたれし峠越えくれば棚田の水に山桜映ゆ　信楽　里見せつ

比叡山へ没りゆける陽の寂けさよわが命終の姿なれかし　木村伊三郎

境内の宮そば「善庵」で昼食、ビール。その蕎麦作りは会津の流れを汲み、そば粉は会津の最高級の物という。確かにうまい。そのためか、福島県震災義援キャンペーン中。寄付を少し。

▼比叡山地は主峰大比叡、四明岳、大文字山とで主脈を形成している。その東の前面に八王子山、壺笠山、宇佐山、長等山と400mほどの支脈が連《つら》なり、比叡の山塊を部厚くしている。また比叡断層が南北に走り、複雑な地形となっている。東の平地には雄琴川、柳川、際川、四谷川、大宮川など、さほどの川ではないが、それぞれ扇状地、三角洲を形成している。

宇佐山には、信長の命により山城が築かれ森可成《もりよしなり》が守っていたが、元亀元年(1570)浅井・朝倉連合軍に攻められ、落城はまぬがれたが、森可成は戦死した。その後《あと》をうけた明智光秀が湖岸に坂本城を築いたが、本能寺の変後、落城。

観音寺山城、横山城、山本山城、小谷山城、安土城、佐和山城、大津城などはいずれも「落城の憂き目」に遇っている。戦国末期の近江の兵火の苛烈さを思う。

祇園歌人・吉井勇の歌碑がある。

宇佐山は班雪《はだれ》しずくありけるや千三百年まえのかの日も

勇はこよなく酒を愛し歌った。

いささかの濁れる酒といささかの読むものあれば足るこころかな
人言《ひとごと》はこちたしひとりここに来て石の羅漢と酒ほがいせむ

※「こちたし」は（うわさが）やかましい、たくさんだ

近江神宮を後に。柳川を渡る。
万葉の歌碑公園。

秋の田のかりほの庵の苫《とま》を荒みわが衣手は露に濡れつつ　天智天皇
君待つとわが恋ひ居ればわが宿のすだれ動かし秋の風吹く　額田王
近江の海夕波千鳥汝が鳴けば心もしのに古思ほゆ　柿本人麻呂
吾はもや安見児《やすみこ》得たり皆人の得がてにすとふ安見児得たり　藤原鎌足

藤原鎌足の歌碑

柿本人麻呂の歌碑

13時50分　近江大津宮錦織《にしこおり》遺跡 ―― 2万5211歩

大津京は壬申の乱の敗北により、わずか5年余で廃都となった。
万葉の歌人は「近江の荒れたる都」を悼み歌う。

古《いにしえ》の人にわれあれやさざなみのふるきみやこを見れば悲しき　高市連黒人《たけちのくろひと》

右、皇子山《おうじやま》古墳。上《のぼ》る。

14時45分　JR大津京駅 ―― 2万8137歩

湖岸に出て、久し振りに琵琶湖に会う。穏やかな琵琶湖。
友二人来会。大津京などについて、大いに話弾《はず》む。少し飲む。
夕刻、東京へ向かう。車中、また少し飲む。

相別れわれは東に君は西に別れてのちも飲まんとぞおもふ　牧水

7日目

JR大津京駅～石山寺

2万9063歩／約14km

皇子山《おうじやま》競技場、三井寺を経て長等《ながら》公園に向かう。次いで東海自然歩道に入り、逢坂山、音羽山の山道を辿る。幻住庵、石山寺を目指す。

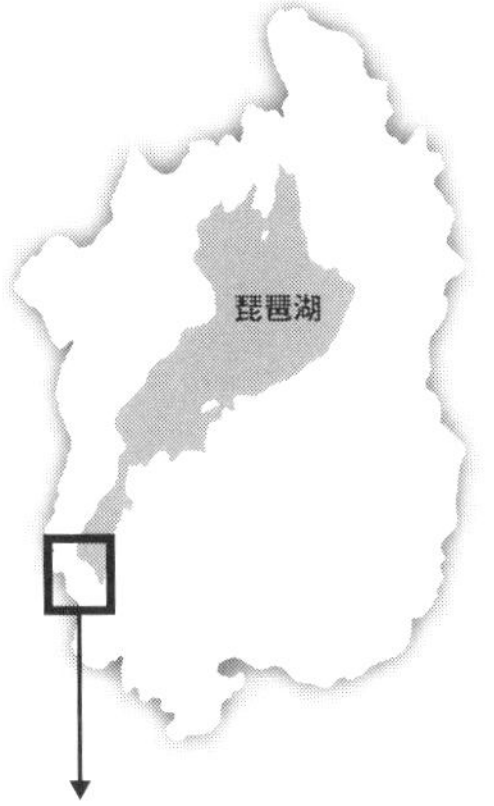

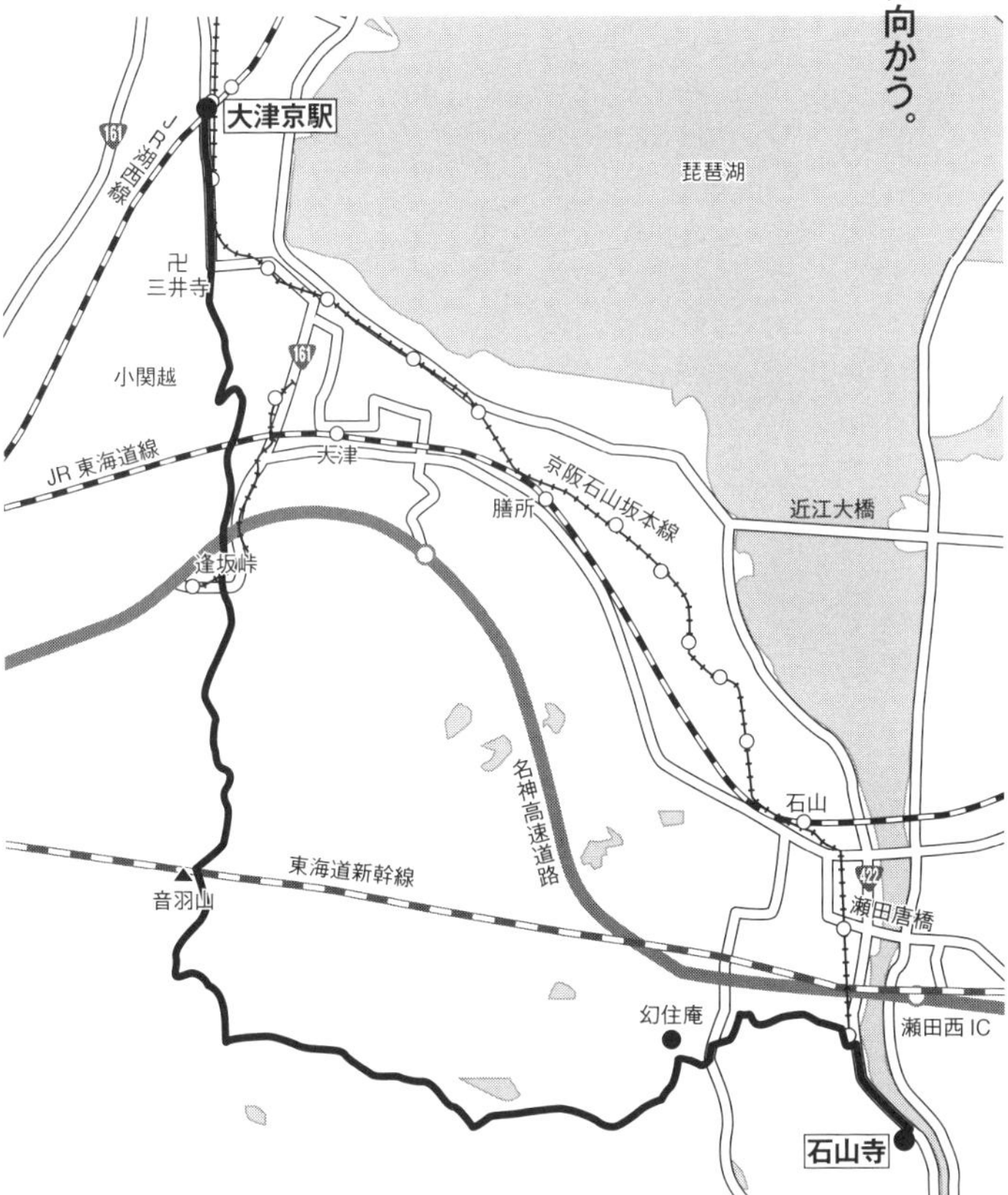

大津絵

フェノロサの墓

10時

県道47号に出る。

▼雲量はほぼゼロ。軽く体操、深呼吸。

欅並木のきれいな道を南下、体調良し。道路の両側に大津絵の陶版画。

右、弘文天皇御陵参道の道標《みちしるべ》。

▼天智天皇の皇子《みこ》大友皇子は、壬申の乱において敗死。25歳。明治になり弘文天皇の追諡《ついし》。

その隣に新羅《しんら》善神《ぜんじん》堂。国宝新羅明神坐像、三井寺の守護神である。

さらにその奥の北の山懐《やまふところ》に法明《ほうみょう》院。カエデの林の奥、小暗《おぐら》い一角にアーネスト・フェノロサ、ビゲローなどの奥津城《おくつき》がある。

▼フェノロサは、岡倉天心とともに東京美術学校を創立。日本画の復興、啓蒙に貢献。明治41年（1908）ロンドンで客死。遺言によりここに葬られている。

近江にとって、もう一人忘れられないアメリカ人がいる。「青い目の近江聖人」と称《たた》えられるメレル・ヴォーリズである。メンソレータムを企業化し、近江兄弟社を興すとともに、建築家として東京・山の上ホテル、大丸心斎橋店など多くの建物を残した。

左、皇子山総合運動公園。

「琵琶湖マラソン」は日本で最も古く、昭和21年（1946）「廃墟の大阪」でスタート。第17回大会から、ここ大津で開催。

大津市役所。

県立大津商業高校。誇り高き近江商人の後裔たち。

大津市歴史博物館、伝統工芸会館など見所《みどころ》も多い。

▼歩いていると、時折《ときおり》、寺社、地蔵堂などで卍《まんじ》を見掛ける。ナチスの鉤十字《ハーケンクロイツ》のイメージがあるが、本来は「古代インドで吉祥のしるし」（講談社『日本語大辞典』）。
家紋や文様にも広く用いられている。神社で用いられているのは、神仏混淆《こんこう》の故か。

三井寺仁王門、総門。

三井寺（菅野忠画）

三井寺の門敲《たた》かばや今日の月　芭蕉

堀と石垣が城塁のように延々と連なる。園城寺《おんじょうじ》の歴史を垣間《かいま》見るようだ。

三尾神社。

そのすぐ隣りに、緑濃い一角がある。琵琶湖疏水が長等《ながら》山のトンネルに流れ込む、その入口である。

▼琵琶湖疏水は琵琶湖の水を京都に供給するため、明治18年から5年かけて完成した。トンネル2・4㎞、疏水全長11㎞。琵琶湖の海抜は85ｍ、京都側との高低差は36ｍ。明治維新後の近代日本の自力による大土木工事で、新日本の金字塔ともいえる工事であった。

琵琶湖疏水

京の都は鴨川沿いにあるため水に恵まれているというイメージがあるかも知れないが、水源の北山一帯の集水域は小規模で鴨川の流水量は少なかった。その上季節的に不安定で、京の都は水に恵まれていなかった。またこの工事には明治維新での東京行幸後の京都の沈滞に活《かつ》を入れるという意図もあった。疏水完成により上下水道が整備され、水力発電で市内に電灯が点《とも》り、日本初の市内電車が走った。今も京都の上水道の99％は疏水からである。疏水はまさしく京都に生命の水を齎した。

（参考…田村喜子著『京都インクライン物語』）

湖都から古都への贈りもの。

三井寺南別所両願寺。

▼別所《べっしょ》とは、本寺と一線を画し、本寺から離れた修学・修業の草庵。園城寺五別所、比叡山七別所など。南都、高野山にも。叡空、法然、永観、実範、明遍などが各別所から輩出している。

三井寺観音堂。
朱色の楼門の長等神社。
大津赤十字看護専門学校。

「小関《おぜき》越え」の道標、約1・5㎞の山道を行くと京都山科《やましな》に出る。
逢坂越えは大関《おおぜき》、ここは小関《おぜき》。

山路きて何やらゆかしすみれ草　芭蕉

10時51分　長等《ながら》公園 ――― 3312歩

公園内を道なりに上る。サクラの木が多い。
長等創作展示館、三橋節子美術館。
長等山不動明王。

11時02分　東海自然歩道分岐点 ――― 3986歩

山道に入る。
今日の目的地石山寺まで東海自然歩道を歩くことになる。
逢坂山（大谷）陸橋を目指す。1・7㎞。
すぐ左の展望台広場に、平忠度《たいらのただのり》の歌碑。

逢坂山関址

さざ浪や志賀の都はあれにしを
むかしながらの山ざくらかな

▼「ながらの山」とあるので、長等《ながら》公園のここに建碑。かなりなジョーク。

展望台から大津市街が見渡せる。給水。

左、南比良の峯々。右、長命寺山。伊吹山も。伊吹山が見えるのは珍しい。

たんたんたんの山道。木漏れ陽のダンスが面白い。

左崖下から車の音頻り、サイレンの音も。

ここはJR東海道線の逢坂山トンネルの上あたりか。

12時05分　大谷陸橋 ―― 7803歩

「逢坂の関」の碑。さらに西へ行くと京の七口の一つ、粟田口（三条口）に至る。

小倉百人一首に、

これやこの行くも帰るも別れては知るも知らぬも逢坂の関　蟬丸

▼蟬丸法師は平安初期の伝説的歌人。盲目の琵琶の名手。音曲、諸芸の守護神として崇められている。醍醐

天皇の皇子《みこ》とも。関蝉丸神社。

枕草子第一三一段「逢坂《おうさか》の関」にコミカルな相聞《そうもん》歌がある。

夜をこめて鶏《とり》の虚音《そらね》ははかるとも世に逢坂《あふさか》の関は許さじ　清少納言

逢坂《あふさか》は人越え易き関なれば鶏鳴かぬにも開けて待つとか　藤原行成《ゆきなり》

※行成は三蹟の一人

▼明治の鉄道建設草創期における金字塔の一つに、京都・大津間の逢坂山トンネルがある。逢坂山トンネルは全長６６４・８ｍの我が国最初の長大山岳トンネルである。難工事であったというが、外国人抜きの日本人の独力でやり遂げられた。１年10ヶ月をかけ明治13年（１８８０）七月京都・大津間が開通した。そのトンネルの西口はここ大谷で、東口は大津方にある。

国土の七割が山で、しかも海岸に迫っている日本の場合、鉄道の建設にはトンネルを掘ることが不可欠。その結果一一五年の国鉄の歴史の中で、およそ四〇〇〇ヶ所、総延長二〇〇〇㎞を超すトンネルが登場することとなる。

（「国鉄有情一一五年」日本交通文化協会）

旧逢坂山トンネル西口

鉄道唱歌　第一集　東海道編44

むかしながらの山ざくら
にほふところや志賀の里

都のあとは知らねども
　逢坂山はそのままに

月心《げっしん》寺に走井《はしりい》の泉。元祖走井餅本家。大津絵発生の地。

「逢坂山の名物は、算盤、縫い針、大津絵に走り井の餅」


　走井の筧《かけひ》の水の涼しさに越えもやられず逢坂の関　藤原清輔

近松寺。

▼近松門左衛門は若い頃この寺で学んだ。そのペンネーム「近松」は、ここに由来するという。

12時11分

大谷陸橋を渡る。標高１４９ｍ。

音羽山５９３ｍを目指す。山頂まで３㎞。

いきなり急階段、32段。さらに階段が続く、１７６段。20分ほどの上り下りの後、さらに階段が延々と続く、４２０段ほど。

少しきつい登りだが、足元の階段がしっかりしているので歩き易い。

尾根道を坦々と行く。左右は深い崖。

この密《ひそや》かな山道は、逢坂の関を避けて、京（山科）へ入る間道であったのかもしれない。

13時01分　展望地　――――　1万5888歩

小休止。

北北東のかなたに伊吹山が靄然《あいぜん》とかすんでいる。

音羽山への登りに入る。北面を直登。陽は中天に。

三叉路に出る。すぐに山頂。

13時31分　音羽山山頂　――――　1万2685歩

秋風の吹きにし日より音羽山峰のこずゑも色づきにけり　紀貫之

西、眼下に山科《やましな》の町並み、名神高速道の山科のインター。

北西遥かに京都の市街、愛宕山、西山などの山並み。

北に比叡山、大文字山。

右眼下、大津市内、皇子山競技場、宇佐山。

音羽山山頂

▼ここは曽遊の地。山科側から一気に登った。
往事茫々、若き日の思い出頻《しき》り、青春復還《またかえ》らず。

涼風吹く、景勝の山頂。ビールで昼食。おにぎり二つ、満足満足。ウィスキーも少し。

山上に三楽あり、休・観・食。

「なぜ山歩きをするのか」の答えの一つがここにある。

13時44分　山頂スタート ——

三叉路に戻る。右、千頭《せんどう》岳、岩間山方面へ。

尾根道は京都・滋賀の府県境の稜線。

多少の上下《アップダウン》はあるが、ルンルンの山道。

14時38分　西山、国分《こくぶ》方面への分岐点 —— 1万6259歩

左折。※この分岐点を見過ごさぬように

きつい下り。北西斜面の小暗い沢の道。石ころだらけ、苔がびっしり。やや歩きにくい。

左右は西山国有林、幽然たる渓谷林、ほとんど自然林の趣き。

▼恐らくその林叢には生命が充ち溢れ、千万年来生死《しょうじ》の営みが続けられていることだろう。いのちの曼荼《まんだ》羅《ら》。（「草木国土悉皆成仏《しっかいじょうぶつ》」大乗仏教天台宗最澄の教え）

15時15分　西山休憩地 ―――― 1万9027歩

小休止。

沢に柄杓《ひしゃく》が置いてある。やや甘みのある清冽な水。


　真木深き谿《たに》よりいずる山水の常あたらしき生命《いのち》あらしめ　今井邦子（下諏訪の歌人）

すぐにスタート、石山寺まで5・3㎞。

歩き易い林道。沢音が高く轟《とどろ》く。

さきほどまでのかそけき山水《やまみず》がまたたく間に轟然たる沢水になっていくさまが面白い。響く山川のソノリティー。

下《くだ》るにつれ左右の林にも人手が入りだし、林相も変わる。水勢ますます激しく。

歩歩福福。

土手道に出る。

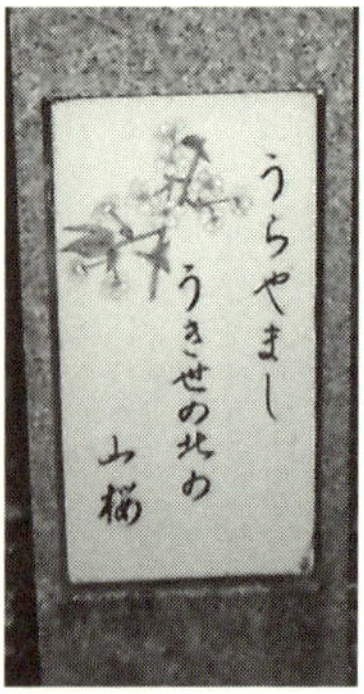

芭蕉の句

15時30分　鳩ヶ池　――――　2万201歩

左折、導水路と別れ雑木林の里道に入る。
ややあって林が消え、頭上に突然空が広がる。燦《さん》。

15時47分　――――　2万1475歩

里に出る。国分《こくぶ》。
左、国分山２７０ｍ。その中腹の森の緑は濃厚で、風もなく、戦《そよ》ぎもしない。
かの『幻住庵記』は、「石山の奥、岩間の後ろに山あり国分山という…」に始まる。

16時15分　幻住庵　――――　2万3546歩

近津尾《ちかづお》神社への階段、１５２段。幻住庵跡。記帳する。
「とくとく清水」のせせらぎの小道を下る。芭蕉の句が左右に。

梅が香にのっと日の出る山路かな
うらやましうき世の北の山桜
樫の木の花にかまはぬ姿かな

この道や行人《ゆくひと》なしに秋の暮

蕉風の理念の一つに「不易流行《ふえきりゅうこう》」がある。不易は変わらないこと、不変性。流行はそのときそのときの新風の体。が、いずれも風雅の域から出るものであるから根元において一つであるという。

近江路では歩きつつ眺めつつ寛《くつろ》ぎを覚える。不易流行のバランスが良いからだとこじつけてみる。

社寺、邑《むら》々のありさま、古道、里道。さらに敢えて言えば過去と現在、自然と人工、人々の生活のさまなどの様々な織り合いが良いのだろう。

▼変らざる中にも、少しずつ変化が積み重っていく。伊勢神宮の式年遷宮にも不易流行のさまを見る。２０００年、完全なデッドコピーを重ねつつ、その中でも恐らくは少しずつ流行を加えて来ているのではないかと思う。飛鳥・奈良・平安のこのかた、外来文化の受客の仕方にも「不易流行」を思う。

また思う。動植物などの生き物も、それぞれのＤＮＡのコピーを繰り返しつつ、１０００万年来、僅かな変異を積み重ね進化をして来た。

ゆく河の流れは絶えずして、しかももとの水にあらず。よどみに浮かぶうたかたは、かつ消え、かつ結び、久しくとどまりたる例《ためし》なし。世の中にある人と栖《すみか》とまたかくのごとし。

（鴨長明『方丈記』）

16時38分 ――――

幻住庵を出る。東海自然歩道を行く。

国分山泉福寺。

石山高校正門前を右折。正門脇のグランドで野球の試合中。二盗を刺せない。

住宅地の坂道を下る。

17時18分　京阪石山寺駅 ―――― 2万7528歩

蛍谷。

「大津市全国10番目の『古都』指定」

大津放水路月見橋。

17時33分　石光山石山寺 ―――― 2万9063歩

目《め》顔《がお》で誘われるままに門前の「湖舟」に入る。

しじみ釜めし、近江のおばんざい、ごま豆腐、湯葉の刺身、しじみ赤出汁、ビール。

石山温泉月乃屋に泊まる。

月下独酌　四首の其の二

花下一壺酒　獨酌無相親
挙盃邀明月　対影成三人
月既不解飲　影徒随我身
暫伴月将影　行楽須及春
我歌月徘徊　我舞影凌乱

―略―

李白

月の下独り酌む

花下《かか》一壺《こ》の酒　獨《ひと》り酌みて相親《あいしたし》むなし
盃を挙げて明月を邀《むか》へ　影に対して三人と成る
月は既に飲を解せず　影は徒《いたず》らに我身に随ふ
暫く月と影とを伴ひ　行楽須らく春及ぶべし
我歌へば月は徘徊《いざよ》ふ　我舞へば影乱れる

8日目

石山寺〜信楽《しがらき》

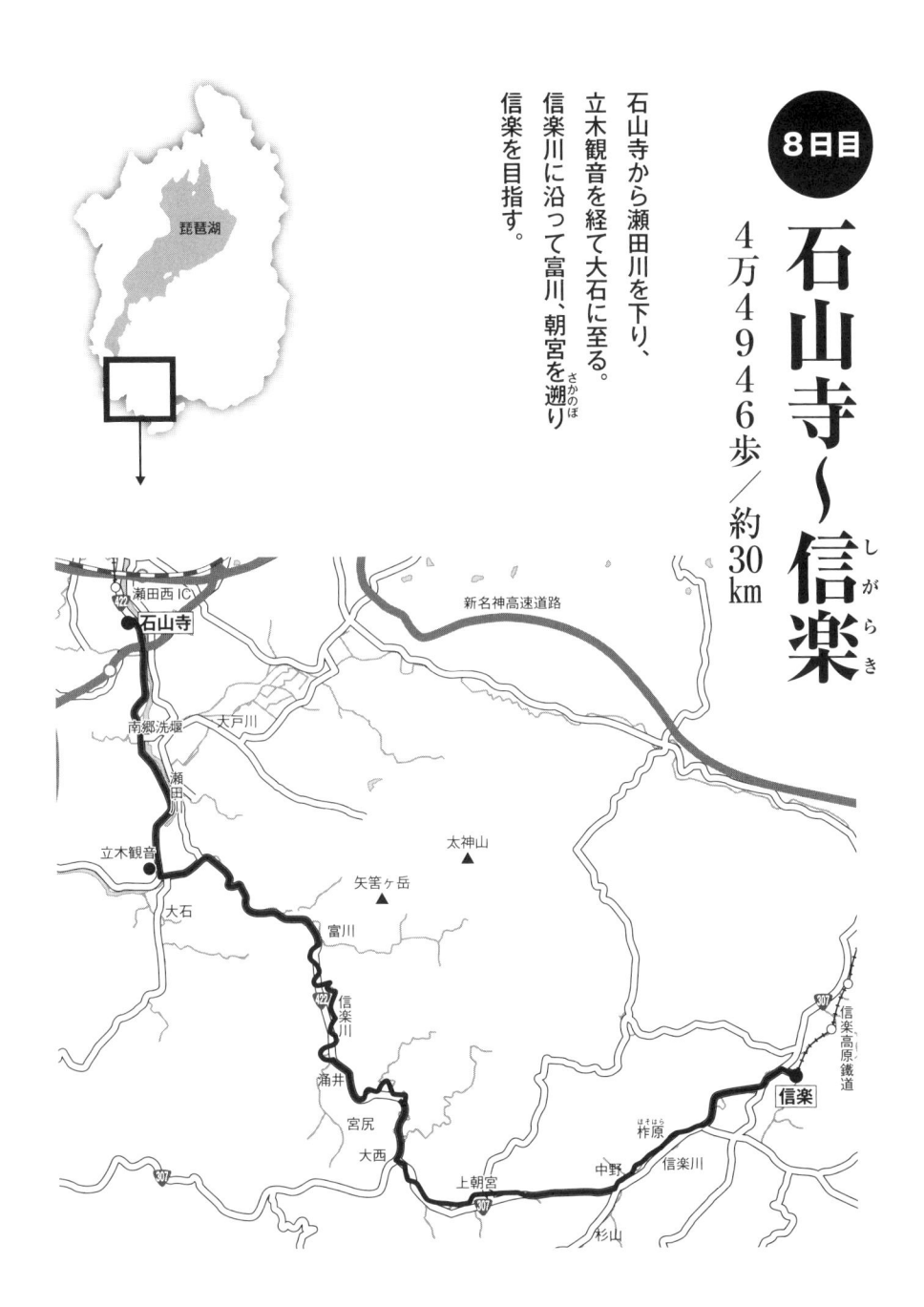

4万4946歩／約30km

石山寺から瀬田川を下り、立木観音を経て大石に至る。信楽川に沿って富川、朝宮を遡《さかのぼ》り信楽を目指す。

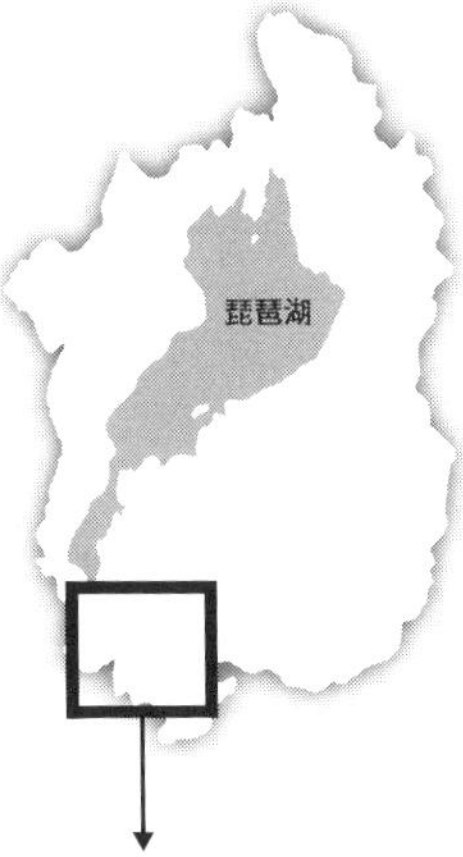

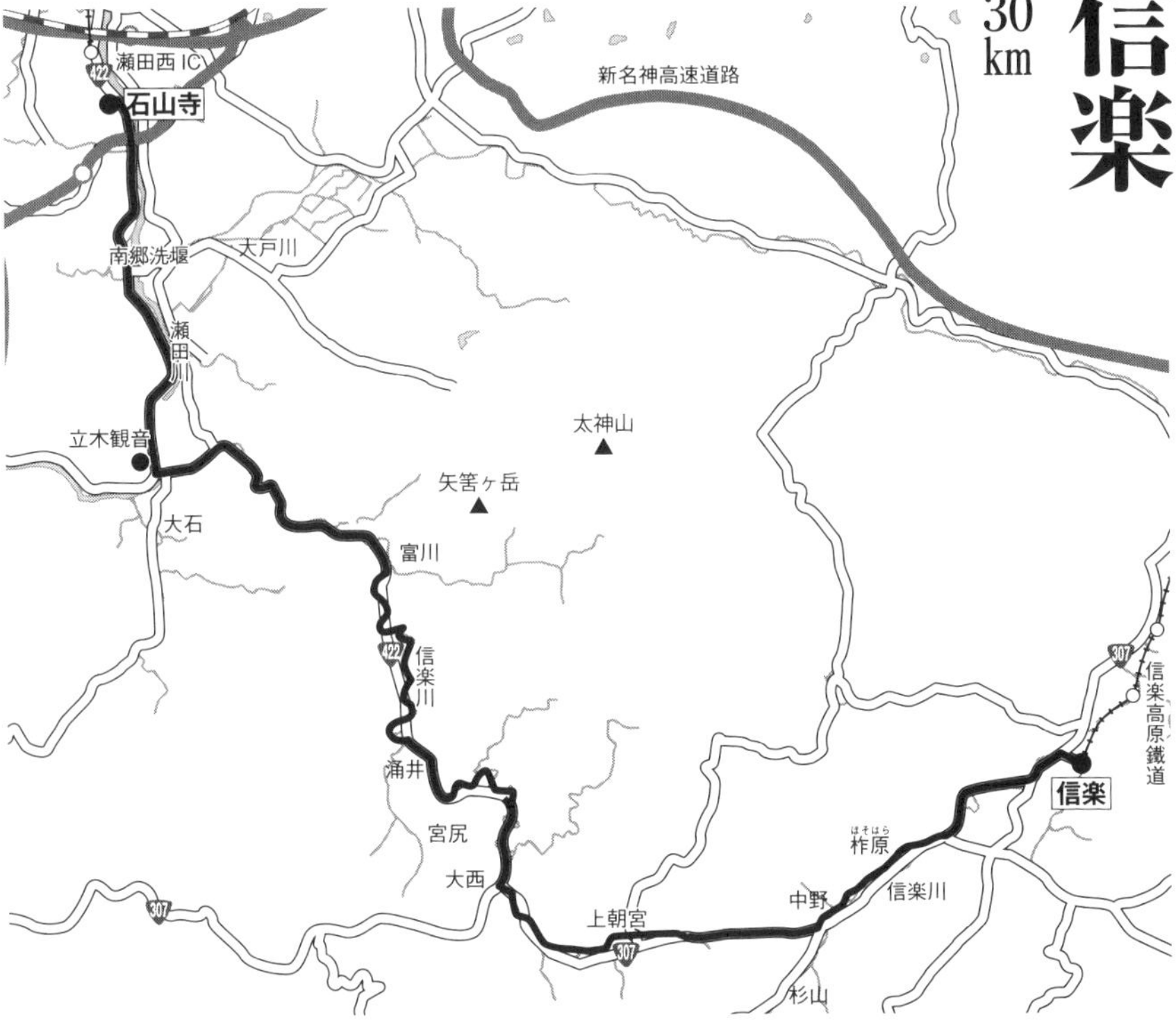

5時45分　石山温泉・月乃屋スタート

▼雲量10。微風。午後雨の予報。

6時　東寺真言宗石光山石山寺

天平勝宝元年（749）聖武天皇の勅願により良弁《ろうべん》僧正が開山。

開山以来1200年余、屈指の古刹。

石山寺は岩《いわ》の寺。背後の伽藍山も石灰石の山。天然記念物石山寺珪灰《けいかい》石。国宝の本堂も、その巨大な珪灰石の上に立つ懸造《かけづく》り。

▼石灰石の変成岩である大理石や珪灰石は磨くときれいな白色になる。『奥の細道』に「石山の石より白し秋の風」の句がある。

紫式部が源氏物語を書いたという「源氏の間」。蓮如堂。

春秋、美しいお寺である。

石山貝塚、縄文早期後半（8000年前）という。相当に古い貝塚であり、この辺り古くから人々が生活するのに適した土地であったようだ。

国道から、川岸の「瀬田川散歩路」に下《お》りる。路はよく整備されており歩きやすい。

石山寺山門

ゴミもない。曇天で、水面の透明度はいまいち。

▼琵琶湖に流入している川は120本ほど。流出する河川は瀬田川のみ。瀬田川は宇治川となり、桂川、木津川などを併せ淀川となり、大阪湾に注ぐ。

瀬田川

五月雨に隠れぬものや瀬田の月　芭蕉
石山の石にたばしる霰《あられ》かな　芭蕉

▼芭蕉が湖南で詠んだ句は全発句の1割に当たる89句という。
（畑廣成著『沿線文学散歩』交通新聞）

このとき4人乗りのボートが溯上してきた。声を掛け合いながら、呼吸の合ったゆっくりとしたテンポの櫂さばき。だがさすがに速く、みるみる遠ざかっていく。この瀬田川でオアズマンoarsman（漕ぎ手）達が青春の血を滾《たぎ》らせ、数々の名勝負を繰り広げて来た。

京滋バイパスをくぐる。右、滋賀大学教育学部のキャンパス、滋賀大学環境総合研究センター。

瀬田川洗堰

対岸を散歩する人がチラホラ。サイクラー３人がスーとすぎる。
田に案山子《かかし》。
右奥に、岩間寺を抱える岩間山４４３ｍ。
前方右に袴腰山３９１ｍ、左に笹間ヶ岳４３３ｍ。その狭間を瀬田川がゆく。
対岸に小高く大日《だいにち》山１２９ｍ。

6時46分　瀬田川洗堰《あらいぜき》（新洗堰）————4705歩

ここで琵琶湖の水面の高さと、下流への水量を調節している。
桜の名所。
少し行くと、左岸に大戸《だいど》川からの合流口。厳重な鉄扉の制水門。
ここでも瀬田川への水量をコントロールしているようだ。

国道４２２号を行く。
国府津川橋から川岸路へ下りる。釣人６人。
前方右岸、立木山３０５ｍ。立木観音のあるところ。

7時45分　立木第三樋門

鹿跳峡《ししとびきょう》の甌穴《おうけつ》。甌《おう》は小さな瓶《かめ》、ペットホールとも。

左右に小《しょう》山塊が迫る。この辺りが瀬田川最狭部か。舟行は不可。

瀬田川断層。

8時11分　浄土宗安養寺

立木観音への参道、700段余の石段。その登り口広場から川岸に沿って人道用の参道が整備されている。

国道は狭く歩道がない。

8時21分　鹿跳橋《ししとびばし》　1万1037歩

大石東6丁目、ここから大石郷。忠臣蔵・大石内蔵助の大石一族本貫の地。

大石内蔵助が敵討《あだうち》の志《こころざし》を秘め、遊興韜晦《とうかい》した洛南の島原遊廓はここからは近い。内蔵助はこの辺りの地理には詳しかったのだろう。

左、信楽、甲賀方面。右、宇治田原。

川岸の公園で朝食。

8時58分 ―― 1万2671歩

信楽川橋を渡り信楽を目指す。

正面の山塊は湖南アルプスの山々。主峰太神山《たなかみやま》（田上山《たなかみやま》）６００ｍ、矢筈ヶ岳５６２ｍ、猫背山５５３ｍ、笹間ヶ岳４３３ｍなどが高原状に連峰をなしている。

修験の聖地。

その田上山は、風化しやすい花崗岩の山。藤原京、平城京などの造成のために多くの樹木が伐採され、千年の禿げ山となった。

保水力を失った田上山から流れ出した花崗岩の砂礫は瀬田川の河床に積り、水の流れを悪くし、琵琶湖の水位を上げ、沿岸に浸水害を齎《もたら》して来た。

植林により、湖南アルプスの山々の山容は近年、往時に復しつつあるという。

　月影の田上山に清ければ網代に氷魚《ひお》のよるもみえけり　清原元輔　（拾遺集）

　　※清少納言の父親、三十六歌仙の一人

信楽川橋付近で標高90ｍほど。信楽高原は約４００ｍほど。それほど高い処へ行くわけではないが、天界へ征《ゆ》くようなときめきを覚える。甲賀信楽の里は長年に亙《わた》る憧憬《しょうけい》の地でもある。
雲が低い。雨が近い。
朝宮まで12〜13㎞ほど、保《も》つか。急ぐべし。
広葉樹林の山道の緑は濃く、暗い。雨が近くなるとさらに暗くなる。
信楽川水位観測局。
急斜面に立派な杉檜の林。植樹、養生《ようじょう》、間伐、切り出しなど大変だろうと思う。

9時35分　岩屋耳だれ不動尊 ―― 1万6000歩

富川橋。対岸へ渡る。山道を数分も登ると富川《とみかわ》磨崖仏。
小雨、すぐ止む。
坊川原橋、大街道橋。前出橋。
信楽川が蛇行しているため橋が多い。笹出橋、樋ノ谷橋、琴平橋、南出橋。
納所。
▼納所は本来年貢などを納める処。禅宗寺院では金銭出納や年貢米などの管理をするセクション。納所坊主。
またも小雨、やや強い。

地蔵尊

11時09分　桶井

ここから信楽町。左右は茶畑。
宮尻の集落、お茶舗の「かたぎ古香園」。
小雨がだんだん重い雨になっていく。急いでも仕方がない。ゆっくりと行く。

12時08分　大西　――――　2万7070歩

右折すれば湯船、和束《わづか》を経て、恭仁宮《くにのみや》跡に至る。

▼聖武天皇は、天平13年（７４１）恭仁宮に遷宮し、翌天平14年ここ大西を通り信楽を経て紫香楽宮へ行幸した。「宮」は天皇のお住まい。「京」は宮を中心に条坊が整備され、貴族、役人、庶民が集う都城。本格的な「京」は、慶州を手本とした藤原京（持統8年・６９４）を始めとする。恭仁は「宮」とも「京」とも表記されている。

上朝宮。茶舗で雨宿り。昼食、お茶の接待を受ける。いろいろと教わる。

▼「朝宮は古くからの茶の産地。朝宮茶は芳香、淡白。茶畑は谷間では日照不足になるため、谷間の上方にあり、道からはあまり見えない。朝夕の寒暖の差も茶に良い。茶畑の手入れ、茶摘み、蒸し、揉みなど、茶づくりには人手がかかり、楽な作業ではない」という。

木がくれて茶摘みも聞くやほととぎす　芭蕉

14時00分　中野 ——— 3万5870歩

杉山口。右手の小丘が信楽川の水源地で、信楽盆地への分水界。

二童子神社。

この辺《あた》り大きな建物はないが、平入りのキッチリした佇いの家が少なくない。

　浄土宗聖象山来迎寺、「梅ひらき　桃ふくらみて　桜まつ」。

陶器配送センター。

永照山放光院真徳寺、訓話「文句をいわない足の裏　気づけば感謝で手を合わせ」。

柞原《ほそはら》。

陶芸村、粘土釉薬販売所。

山肌は信楽焼と同じ浅い褐色の土。

真宗本願寺派紫雲山法専寺、親鸞聖人行脚像。

信楽川が盆地の方角、北西方向に流れている。

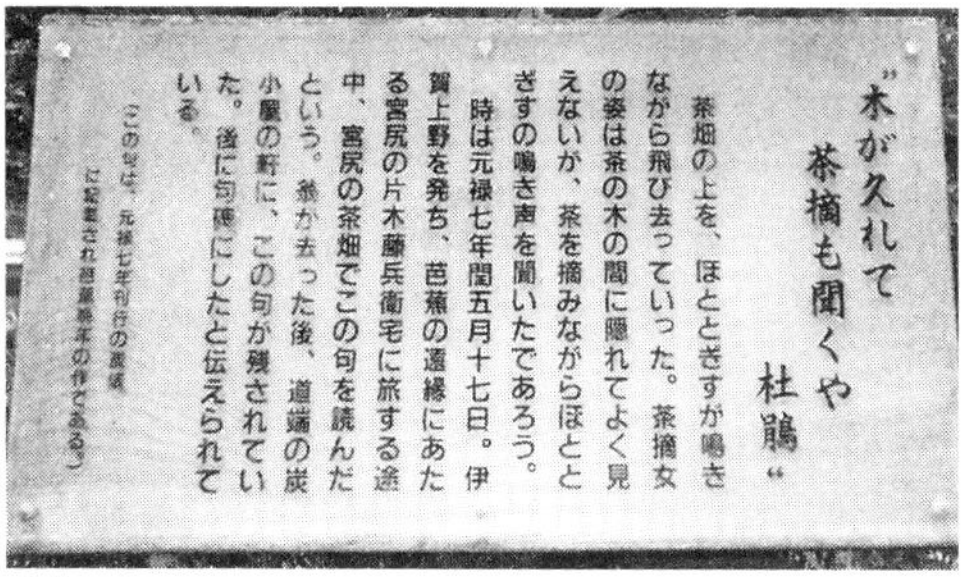

芭蕉の句

▼この信楽川は、先ほどまで辿ってきた信楽川とは別流。杉山の分水界に発し、信楽盆地に流れ込む。

15時05分　長野　――――

国道３０７号から左、「窯元散策路」に入る。信楽町の中心地へ。

小雨に三度見舞われたが、まずまず予定通りか。

瀬田川から6時間ほど、「遥々《はるばる》とやってきた」、そういう思いがする信楽の里である。宿望の地である。

街中《まちじゅう》、信楽焼で溢《あふ》れている。陶都。

信楽狸

大戸川愛宕橋。右愛宕山に陶芸神社がある。

16時　「ペンション紫香楽」着　――――　4万4946歩

夕食は洋風のご馳走。

ペンションのご主人とその妹さんから紫香楽宮などいろいろと教わる。

やがて酒談議。大いに飲《や》る。旨酒《うまざけ》。

大伴旅人に「酒を讃《ほ》むる歌」13首があり、その6首。

験《しるし》なき物を思はずは一坏《ひとつき》の濁れる酒を飲むべくあるらし　（巻3・338）
賢《さか》しみと物言うよりは酒飲みて酔哭《えひなき》するし益《まさ》りたるらし　（同・341）
言はむすべせんすべ知らに極まりて貴きものは酒にしあるらし　（同・342）
あな醜《みにく》賢《さか》しらをすと酒飲まぬ人をよく見れば猿にかも似る　（同・344）
この世にし楽《たぬ》しくあらば来む世には虫《むし》に鳥《とり》にも吾はなりなむ　（同・348）
生けるもの遂にも死ぬるものにあれば今世《このよ》なる間《ま》は楽《たぬ》しくをあらな　（同・349）

陶都から陶淵明を連想。その「飲酒」の歌20首の中の第7首の一節。

一觴雖獨進　杯盡壺自傾

一觴《しょう》独《ひとり》進むと雖《いえど》も　杯盡《つ》きて壺自《おのずか》ら傾く

さらに「雑詩」其の一。

―略―

得歡当作楽　斗酒聚比鄰
盛年不重来　一日難再晨
及時当勉励　歳月不待人

歡《よろこ》びを得なば当《まさ》に楽《たの》しみを作《な》すべし、斗酒あり、比鄰《ひりん》を聚《あつ》めん
盛年《せいねん》は重ねては来たらず、一日《いちじつ》、再び晨《あした》なり難《がた》し
時に及びて当《まさ》に勉励《べんれい》すべし歳月は人を待たず

余滴

病床独白

皮膚ガン摘出のため、２０１１年４月、２週間入院。その間の日記から摘記。

○ガンの転移再発があるとするならば5年以内。死ぬるはその5年後として、あと10年ほどの生命《いのち》か。

○麻酔のため手術に痛みは全くなかった。

地獄の責め苦というが、亡者《もうじゃ》に痛みがあるのか。

来世に地獄・極楽があるとすればどんな仕組みの社会なのか。

なぜ我々はありもしない地獄を恐れ、ありもしない極楽を欣求《ごんぐ》するのか。来世が極楽ならば、早く死にたいと思うのか。

○外界が騒がしい。特にテレビが騒がしい。歌謡、お笑い、料理の3点セット。美男美女ば

かり、みんな笑顔で楽しそう。

初笑い深く蔵してほのかなる　詠人不詳

ポピュリズム、下品化、思考停止などを嘆くまい。今はそういう時代なのだ。つまらないと思うならば見なければ良いのだ。

○読書、酒、碁、ウォーキング。40年以上も続いて来た趣味である。これからも続くことだろう。すでに老境、老いをどう遊ぶか。

酒止めようかどの本能と遊ぼうか　金子兜太

おとろへしいのちに熱き昼の酒　結城昌治

○先逝《せんせい》した友を想う。互に知見を誇り、己《おのれ》の存念を押し付け合った。

今、頻《しき》りに会いたいと思う。会いたくとも会えない。話したくとも話し合えない。これが「別れ」ということか。大悟。

○アラブの騒乱にパラダイム・シフトの始まりを見る。

日本も脱亜入欧から1世紀半。日本の新しいパラダイムはどういうものになるかと頻りに想う。

日本型哲学を語るべき時。賢人よ出《いで》よかし。

○「自衛隊は暴力装置」と某官房長官が言った。

その内不図《ふと》思った。彼は「暴力装置」を「敵対するもの」と思っていないのではと。政権党が忠誠を誓う1個連隊も持てば、簡単に日本を支配できるだろう。あの発言の恐ろしさを思う。

○親が子を殺す、子が親を捨てる、故なく人を殺傷する、切れる大人、ホームレスを襲う少年、横行する万引、いじめ、詐欺、増える訴訟、奇妙なファッション・風俗。

やってはいけないこと、進んでやるべき善《よ》いことを人生の早い時期から教える必要があるのではないか。

まず宗教界が立ち上がるべきではないか。

それにしても万人共通の善、不善の規矩《きく》はありえないのか、条件付きのゆるやかな道徳律ぐらいなら共有できるかもしれない。

○都市は一種のバーチャル・リアリティーの世界。

バーチャル・リアリティーではなく、本物を。

自然のすばらしさを知らずして自然環境の保全は説けない。
実体験が必要ではないか。農林漁業、国防入隊、宗教入門など、なんでもよい。
ものづくり、工芸もやってみなければ分からない。

自今以後

２０１０年６月退職。
すでに古希。自今肉体は衰え、精神は弛緩していくことだろう。

ただ過ぎに過ぐるもの　帆かけたる舟　人の齢　春、夏、秋、冬
（『枕草子』第２４５段）

「呼吸の間なり」　道元

しかし自今10年、ときに20年にも及ぶ人生が残っている。その余生を余り物として老費していくばかりのものであって良いものか。
さてどうするか。

1. 終息のときの姿をどう描くか。そのためにどうするか。

①享年94として、あと20年余か。

②95歳までの資金計画。先楽後《あと》貧乏で良い。跡なきを期す。

③自然死が良い。そのときまで健康でなければならない。

メタボの判定は「僅かに所見有るもほぼ正常」とあるからには、今を維持しつつゆるやかに衰えていけばよい。

2. 楽しむ

人生まことにわずかのことなり好きたることをして暮すべきなり

(『葉隠』山本常朝)

①山歩→里山歩→平地歩→その時まで漫歩。動けない動物は死を迎える。

②酒は莫逆の友。ゆっくり減らしていくとしても止《や》められない。止《や》めることもない。

その時まで1合ぐらいは楽しみたい。

③読書ができなくなると、人間でなくなる。「読書論」については、今は措く。

④自今なお春秋あり。ときめきのなかるべけんや。古木に華《はな》の咲く、はんなりと。

3. 友達は半分くらいはいなくなるだろう。新しい友達が少しは現われるにしても古い友達とは順順に別れていく。

世の中にまじらぬとにはあらねどもひとり遊びぞ我はまされる　　良寛

自失論文友　空知売酒壚（文を論ずる友を失いて自《よ》り　空しく知る売酒の壚）李白

吾が生《しょう》既に蹉跎《さだ》たり、諸縁を放下《ほうげ》すべき時なり

（『徒然草』112段）

4. 妻より先に逝かねば。そのためには長生きしてもらわねば。さて具体的には。

5. これからの人生に特段の目標は無い。

おほかた、世をのがれ、身を捨てしより、恨みもなく、恐れもなし。命は天運にまかせて、惜しまず、いとはず。身は浮雲《ふうん》になずらへて、頼まず、まだしとせず。一期の楽しみは、うたたねの、枕の上にきはまり、生涯の望みは、をりをりの美景に残れり。

（『方丈記』33段）

残心。

比叡落日

9日目

信楽《しがらき》〜土山《つちやま》

4万3019歩／約32km

信楽から大戸川右岸を北上。いわゆる紫香楽宮《しがらきのみや》跡を訪ね、さらに宮町・紫香楽朝堂跡を目指す。次いで飯道山山頂を経て、貴生川、水口《みなくち》から旧東海道を土山宿まで行く。

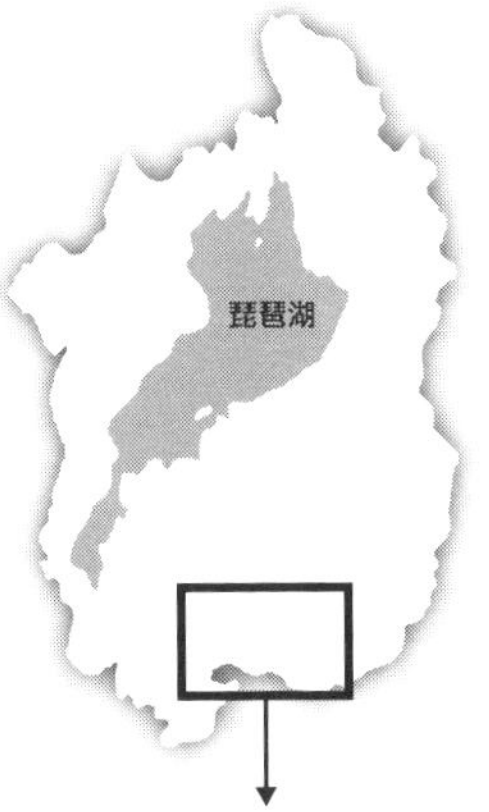

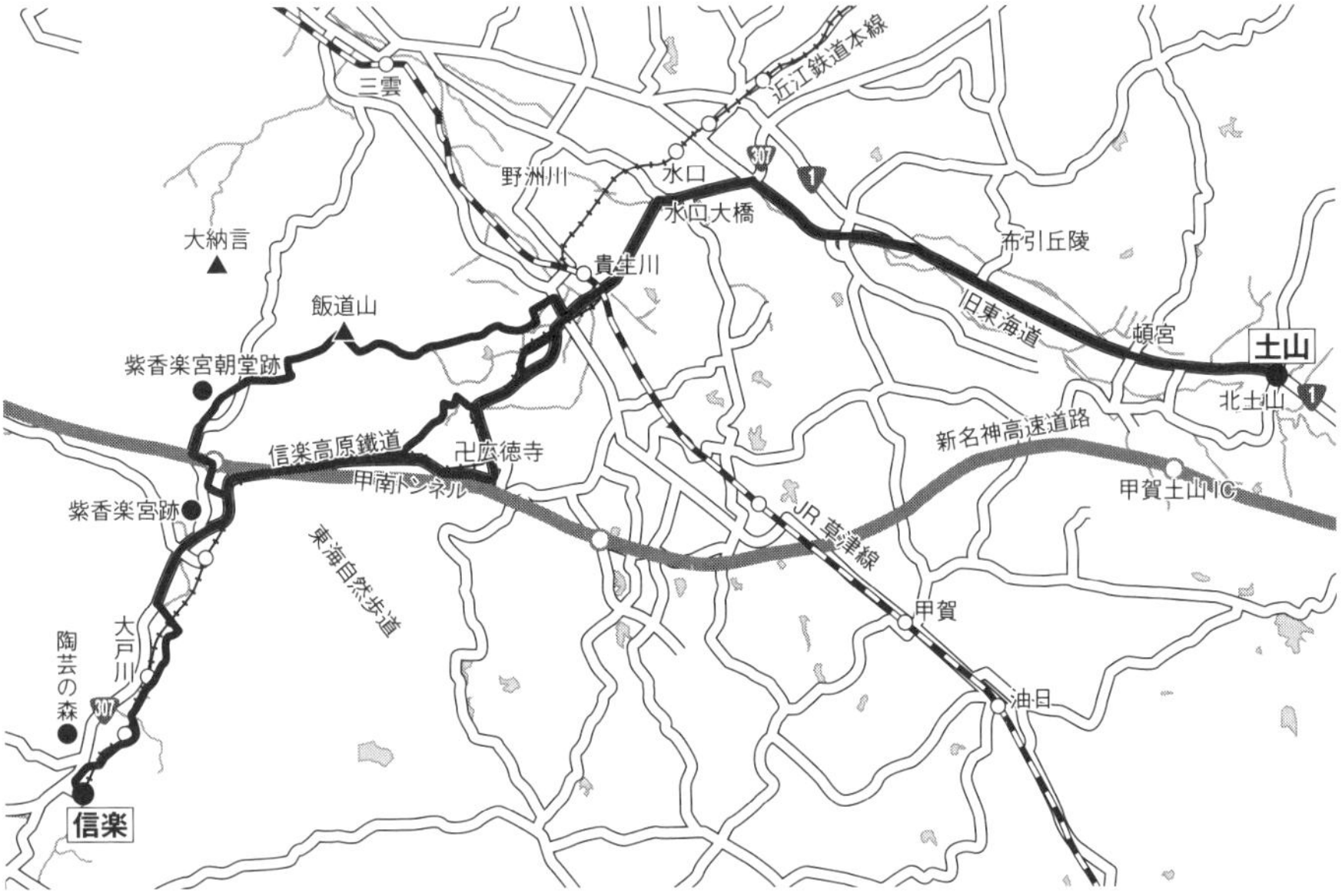

信楽焼の店先

6時

ゆっくりと深呼吸、軽く膝の屈伸。スタート。

▼やや寒い。15度弱か。曇天、風はない。

「ペンション紫香楽」の前を大戸川が流れている。

その川向こうの丘陵には霧のカーテン。わずかに稜線が見えている。

街中《まちなか》は静か。

陶器店が幾つもあり、店先に信楽狸、ふくろう、タイガース狸、植木鉢、傘立て、火鉢、蹲《つくばい》、茶碗、酒器などが処狭しと並んでいる。さすが陶都。

朽葉色の信楽焼は温もり感がある。

陶器神社。祭神は天日槍命《あめのひぼこのみこと》。新羅の王子とある。

昭和天皇御製

おさなどきあつめしからになつかしも信楽焼の狸をみれば（昭和36年、行幸）

▼信楽焼の歴史は古く、天平14年（742）紫香楽宮造営の瓦を焼いた時に始まるという。日本六古窯の一つ。一時期衰退していたが室町時代、茶道の隆盛と共に茶器造りで栄えた。千利休、利休信楽。

日本六古窯…瀬戸、常滑、越前、信楽、丹波、備前

びわこ信楽阪奈鉄道の構想。近江鉄道（米原→貴生川）、信楽高原線から信楽越えで大阪片町線に結ぶ。距離的に信楽は奈良・京都・大阪に意外と近い。

大戸川旭橋。

「ペンション紫香楽」のご主人直村さんから「聖武天皇行幸の道は大戸川右岸」と教えられているので、東岸の土手道を歩くことにする。

散歩の人に声を掛けられる。「土山まで歩く」と言うと、「そりゃ大変！　一日かかるよ、気をつけて！」と。若々しい老人、80歳ほどか。

信楽高原鐵道の踏切を跨ぐと、途端に森閑とした山裾の道。

静かな静かな「天平の道」、細流の幽《ひそ》やかな瀬音が快《こころよ》い。

山の中への幽《かそけ》き細道。ここは甲賀の里、山の向こうは伊賀の国。かつての忍びの隠れ道かと思いを巡らす。

甲賀《こうか》は日本書記の鹿深《かふか》から。

伊賀は「いか」から。アイヌ語で「山越え」の意。

（丹羽基二著『地名』秋田書店）

6時35分　秋葉山十輪院法皇庵玉桂寺　天然記念物弘法大師御手植高野槇《こうやまき》 ——

山門をくぐるとそこは槇の林、弘法大師御手植の槇が樹母とのこと。

女性が一人本堂前で読経中。

▼昭和49年（1974）ここ玉桂寺地蔵堂から阿弥陀如来立像が発見された。建暦2年（1212）法然上人の弟子源智（平重盛の孫）が師の恩を思い、その一周忌に造立したものという。当初この像は京都の浄土宗の寺にあった。どういう経緯でここに至ったのかは不明。平成22年（2010）、約800年ぶりに元《もと》の浄土宗の寺に返還されたという。因《ちなみ》に阿弥陀如来は浄土教系の本尊、真言宗は大日如来。

左、はるかな丘陵に「陶芸の森」がある。約40haの広い敷地に、陶器の製作、研修、展示の施設が大らかに配置されている。

「火の丘」からの眺めが良い。躑躅《つつじ》が多い。

特に子供対象の陶器作りの教育施設があり、次世代への陶芸継承の意欲が印象的であった。

お知らせ
園内にある陶芸館は、小中学生の観覧料は無料にしています。
「小さな頃から気軽に美術館に入る習慣」「しっかりとした観覧マナー」「作品を

じっくり落ち着いて鑑賞出来ること」を身につけられるようにとの思いからです。

陶芸の森

信楽高原線 勅旨《ちょくし》駅。3両連結のカラフルな列車。
保良宮《ほらのみや》跡と伝えられる宇田出集落。
陶房、窯の煙突、陶芸教室などが目に付く。
朝餉《あさげ》のにおいが漂う。人が動き出したようだ。

7時30分 牧 ——————

雲井駅。
日雲神社「天地開闢《かいびゃく》雲井の社」
黄瀬。大戸川信楽橋。牧東の信号を県道53号に入る。

8時 紫香楽宮阯（甲賀寺跡）—————— 1万2334歩

朝食。

8時35分　スタート

県道甲西牧線を北上、宮町遺跡を目指す。

新名神高速道を潜る。隼《はやと》川橋。

新宮神社。新宮神社は甲賀寺跡と宮町遺跡との中間、紫香楽宮への玄関口にあたる。

「新宮社火ぶせの神のめでたくも安けく里を守りたまえり」

▼神社が集落の端《はずれ》の出入口に鎮座していることが多いのは、力の強い祭神の威力により、疫病やケガレなどがその集落に入ってこないよう守るためという。

紫香楽宮朝堂跡（宮町遺跡）。そこは左程《さほど》に広い地形ではないが、景観の地ではある。

▼紫香楽に遷宮したのは聖武天皇。聖武天皇の時代は、国分寺・国分尼寺、薬師寺東塔、東大寺の建立《こんりゅう》など仏教興隆の時代、柿本人麻呂、大伴旅人、山上憶良、大伴家持などの活躍した万葉集の時代である。「あおによし寧楽《なら》のみやこは咲く花のにほふがごとく今盛《いまさかり》なり」と小野老《おののおゆ》が歌い上げた輝ける天平《てんぴょう》の御世《みよ》であった。

聖武天皇はなぜか平城京を避けて、恭仁《くに》宮、難波《なにわ》宮、紫香楽宮、平城京復帰など、狂躁的に遷宮を繰り返した。どのような蟠《わだかま》りがあったのだろうか。長屋王の変、藤原広嗣の乱など、葛藤《かっとう》する政争の故由《ゆえよし》か。天然痘の流行もあったが。

なぜ信楽だったのか。聖なる山飯道山《はんどうさん》、金勝山《こんぜやま》の存在も気になる。恰《あたか》も行基、泰澄などが、その周辺で活躍していた時代でもある。古代史の謎闇《めいあん》・迷宮《ラビリンス》。

飯道神社登り口鳥居

参道脇の地蔵尊（菅野忠画）

9時35分　飯道神社登り口の鳥居――――　1万5807歩

ゴルフ場横のゆるやかな静かな山道を上《のぼ》る。

10時12分　飯道神社参道――――

駐車場、車はここまで。山頂まで２㎞。

きつい階段を登る。すぐに白鬚《しらひげ》神社。

餉令山《かれいやま》いかなるたきのあるやらん黄瀬《きのせ》川よりこいのぼるとは

※餉令山は飯道山の古名

鬱蒼たる杉檜の林間の道を昇る。きつい登りだが、階段が付いており足元はしっかりしている。

幽玄たる山道、さすが修験の霊山。「金亀水」、うまい。

10時48分　飯道神社 ———— 1万7784歩

祭神は素戔嗚命《すさのおのみこと》

本殿は間口3間の入母屋造。向拝《こうはい》、裳階《もこし》。灯籠4基。

その奥に巨大な弥勒岩《みろくいわ》。まさに磐座《いわくら》、ここあるが故に飯道山は霊山たりうる。

元は飯道寺との神仏習合の地。明治に神仏分離。

▼不自然に神仏分離をしている社寺を元に戻せばどうだろうか。日本型宗教の再生。

これほどの山奥に、盛衰があったにもせよ、千年余に亙《わた》りこれほどの社寺が維持されている。道も通じている。そういう日本人の信仰のこころに、日本人ながら不思議な思いに囚われる。

11時　三大寺口へ ————

貴生川方面へと境内を出る。

11時10分 ————

「左飯道山山頂、右杖の権現茶屋」の道標《みちしるべ》。山頂を目指す。

上り下り、細い稜線、最後の上り。木の根の露出が多く、険しい岩肌の道。ここを修験者や忍者達が風のように往来《ゆきき》したことだろう。

11時30分　山頂（標高664m）

二等三角点。

嗚呼！　すばらしい鳥瞰《ちょうかん》。深呼吸。

北北西に三上山、比良の山脈《やまなみ》。北西に大納言、阿星山《あぼしやま》。東は水口丘陵か。

はるかに鈴鹿の山々。

山は曼荼羅《まんだら》！「いのちの原郷」（空海）

風もあり体感温度はかなり低く、10度ほどか。

軽くサンドイッチを。少し寒いがアルコールは飲《や》らない。下りがあるから。

11時50分

下《くだ》る。木の根に注意しつつ、ゆっくりと下る。ケガをするのはだいたい下り。

「登るに険しき　落つるにたやすき人の道」

飯道山山上から北北西を望む。左前方に近江富士・三上山

12時10分　杖の権現

車道として造成中の広く歩き易い砂利道に出る。

ここで「三白酒」（上海郊外烏鎮《ウーチン》の酒）をほんの少し舐める。美酒である。

ぼちぼちと下る。

右の渓谷のかなりな崖の斜面に整然たる杉檜の植林。

▼急崖の植林は危険でコストもかかる。高齢化、過疎化していく今の農山村にあっては無理だろう。これからの植林事業は、山間の平坦地、緩い斜面などを選び、巡回する専業プロ集団による機械化林業を目指すべきだろう。地主は地代をもらえば良い。インフラの整備、先端技術の機器の導入などは国費で行うべきだろう。国富はまず国内で費《つか》うべし。農林漁業は国の根幹である。国内ＯＤＡ。

13時25分　2万2003歩

三大寺登山口に出る。

日吉《ひえ》神社。天台宗金奇山飯道寺、十一面観音立像。

貴生川小学校の横を通り庚申口交差点に出る。背後南西に庚申山４０６ｍ、広徳寺がある。

国道３０７号へ。貴生川駅経由で水口を目指す。

▼貴生川駅は米原・彦根からの近江鉄道の終点。近江鉄道は伊勢参りの湖北・湖東の人々を運んだ。貴生川

から土山、鈴鹿峠を経て、人々は伊勢神宮を目指した。明治31年開業、114年の歴史を持つ。

虫生野《むしょうの》。水口丘陵の道を只管《ひたすら》急ぐ。
峠に甲賀看護専門学校。水口スポーツの森。

14時50分　野洲川水口大橋　水口《みなくち》は甲賀の主邑　――――　2万8720歩

水口は旧東海道の五十次の宿場。
野洲川はさすがに広い。橋の長さは300mもあろうか。
その野洲川に沿って、旧東海道が土山、鈴鹿へと通じている。
今、旧東海道ウォークが静かなブームであるという。

吾野妹子《わぎもこ》にまたも近江の野洲《やす》の川安眠《やすい》も寝《ね》ずに恋《こひ》渡るかも（万葉集巻12―3157）

飯道寺十一面観音立像
（菅野忠画）

新第三紀			
第四紀			
完新生	更新生	鮮新生	中新生

2300万年前　大陸から分離
近江準平原隆起
1700万年前　日本列島生成
400万年前　古琵琶湖、伊賀盆地に誕生
250万年前　ホモサピエンス出現（ルーシー）
180万年前
100万年前　琵琶湖現位置に出現
10万年前　現代人の祖先北アフリカを出る
1万年前　縄文時代

▼2000万年前中新生の頃、鈴鹿山脈、比良・比叡山地が海底から降起し準平原を形成。伊吹山脈、鈴鹿山脈の山々が石灰石に覆われているのも、土山の北東5㎞ほどの鮎河《あいが》層群の中新生の海成層からヒゲクジラや貝の化石が出土するのもその証拠《あかし》という。日本海・日本列島が形成されたのもその頃という。

400万年前伊賀・上野盆地に出現した古琵琶湖は、降起・沈降を繰り返しつつ、200万~300万年ほどかけて現在の位置に移動。このあたりはその通りみちである。琵琶湖は、現在も年に1㎝ずつ北に移動しており、100万年後、日本海に入り消滅するという。

太古よりこのあたりで展開されてきた茫々たる歴史に思いを致す。

▼1万年前あたりまでは、時間のスパンとしてはなんとか実感できる。100万年前、1000万年前ともなると、理解の埒外《らちがい》である。言わんや「地球誕生46億年前」となると、「時間は実在しない」という哲学的思惟《しい》に賛同したくなる。

さらに言えば、未来のイメージは難しい。100年後ぐらいならばともかく、1万年後ともなると、まさに理解の埒外である。

野仏群像（菅野忠画）

石部・甲西・三雲あたりの野洲川中流域両岸の沖積層の平野に渡来人が入植し、古代日本に文化の華《はな》が咲いた。常楽寺（西寺《にしてら》）、長寿寺（東寺《ひがしてら》）、善水寺を「湖南三山」と呼ぶ。

その寺々の本堂、三重塔、厨子などの多くが国宝、重要文化財に指定されている。

予定より少し遅れ気味なので、旧知の水口市街に入らず右折し、野洲川沿いに国道３０７号を直進する。

旧東海道「水口宿」のモニュメント、樹高30ｍの椋《むく》の古木。左、大岡寺《だいこうじ》。その奥の小山は岡山城跡。

芭蕉句碑。

水口にて二十年を経て故人に逢ふ

命二つ中に生きたる桜哉

（『野ざらし紀行』）

童話作家・巌谷《いわや》小波《さざなみ》は水口の出身。

15時25分　新山川橋 ——— 3万1365歩

交差点を右折。県道549号、土山を目指す。このとき少し道に迷う。

徳原。土山茶の茶畑。

左、布引山《ぬのびき》262mなどの低い丘陵が続く。

　あらしふく雲のはたてのぬきをうすみむらきえ渡る布引の山　鴨長明（『伊勢記』）

「布引《ぬのび》き」は「洒《さら》すために布を（横に）引っ張ること」なるほど、そんなイメージの布引丘陵である。

▼もっともこの古歌の「布引の山」は伊勢・伊賀の国境《くにざかい》をなす布引山地のことだろう。

鈴鹿山脈から布引丘陵、野洲川河崖、琵琶湖へと傾斜している湖東の地形の成り立ちがよく判る。湖底も、そのまま西へ傾斜している。

左、花枝神社。

市場。

山は暮れ野は黄昏の薄かな　蕪村

17時20分　頓宮　——　4万170歩

白川橋、渡るとそこは土山。
巨大な五輪塔「平成万人灯」。高さ9・3m、重さ156・8t。

17時55分　北土山・大安旅館　——　4万3019歩

日は暮れた。
宿の人が遅い到着を心配して玄関先で待ってくれていた。
すぐお茶の接待！　土山茶か。やや甘い感じがするのは疲れのためか。
今日は、少しきつかった。

寝ざる人には夜長く　疲れたる人には路遠し　出典不明

広間で一人、酒と料理を娯しむ。疲れに倍する酒のうまさ！
食後、弦月の夜空を楽しむ。深呼吸。

北土山「平成万人灯」

真砂《まさご》ナス数ナキ星ノ其《その》中ニ吾ニ向ヒテ光ル星アリ　正岡子規

星光星宿を観望する内に楽しみ尽きて哀しみ来る。

3度も訪ねたことのある楽園・気仙沼の、3・11の地震・大津波・大火による紅蓮の炎の惨状に胸が痛む。魂よ鎮まれ！　惻惻。

宮城県気仙沼出身の歌人佐藤佐一郎の酒百首（『佐藤秀信歌集』）を想う。

何物をさめたる眼して求むるや汝が盃は汝が前にあり
いささかのかかづらひだにわれ持たず今酔初《よいぞめ》の天地《あめつち》に入る
酒汲めばふり来る花につつまれて天上すなる心地するかな
すねはてて世にいれられぬ我なるを何思ひてか涙おくらむ
世の中は何も思はず酒飲みてただ歌ひてぞあるべかりける
楽しむといふより寧《むし》ろ悲しみをやらむ酒なりあはれと思へ
この言葉ささゆるがせば命より尊き酒を明日ゆ封ぜむ
酒のかめ百ほどならべかたへより飲み比べなばあゝ楽しけむ
今はただ余事は思はず天地に生けらむかぎり酒にゑひてむ

10日目

土山〜永源寺

4万1413歩／約23km

標高100mほどの丘陵を三つ越えていく。
午後は佐久良川沿いに北上し永源寺を目指す。
途中鬼室《きしつ》神社に寄れればと思う。
鈴鹿山麓の段丘の道をゆっくりと楽しもう。

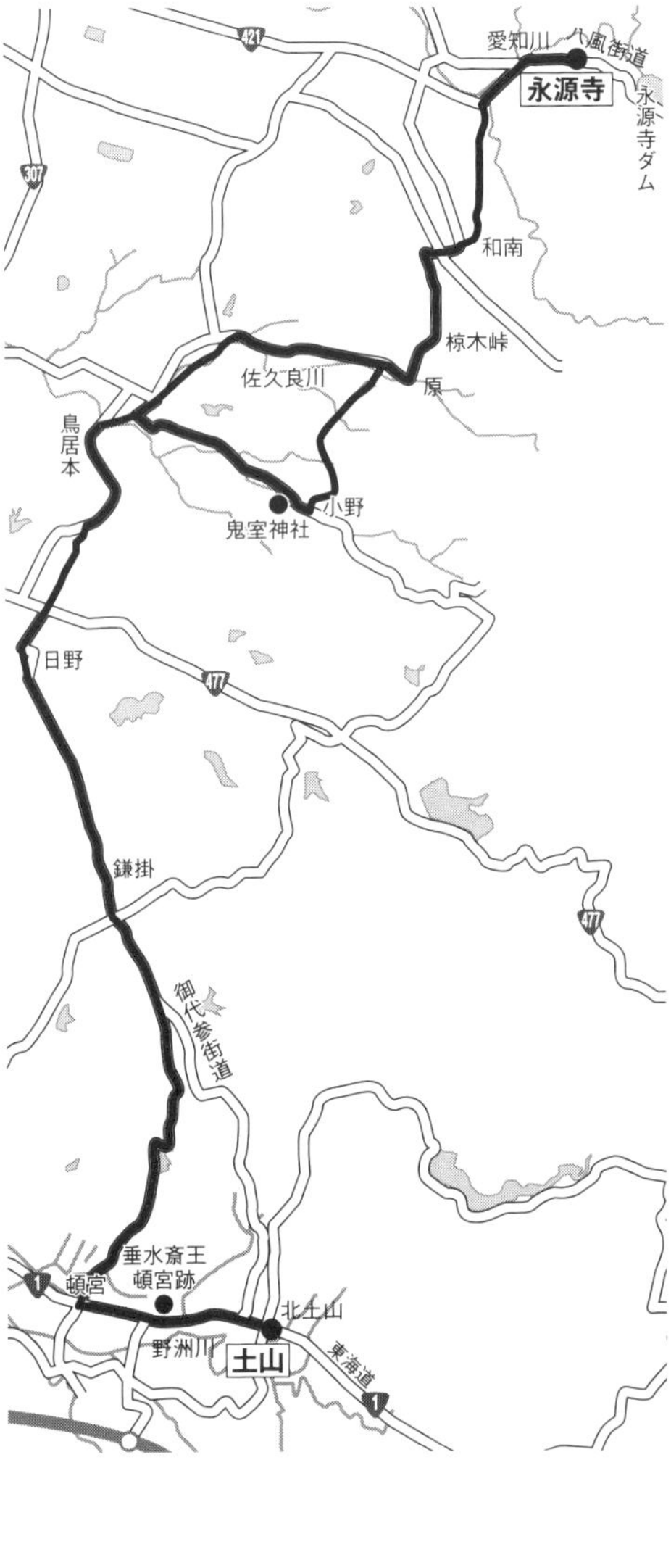

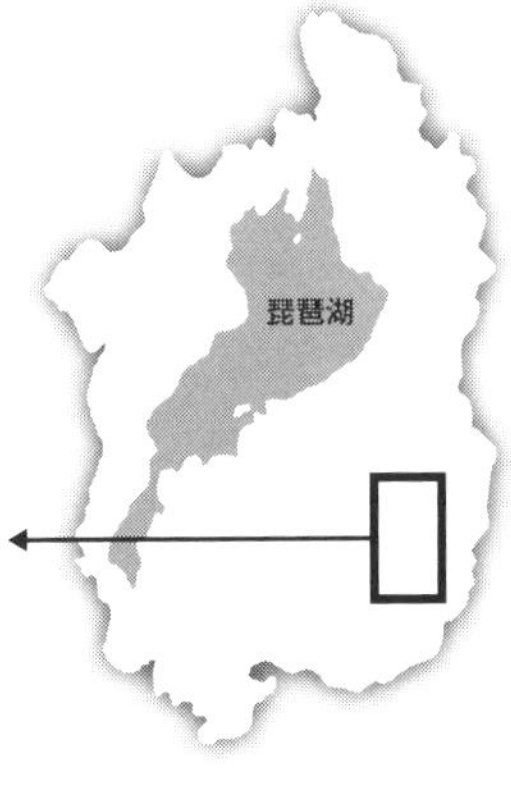

7時

快晴、爽冷《そうれい》、微風。深呼吸、軽く体操。スタート

昨日来た道を頓宮まで、２㎞ほど後戻《あともど》りする。

さすがは国道1号、車が多い。側道を行く。コンビニで2食分を買う。

通学児童数人、小声ではあるが朝の挨拶をくれた。

「おはよう！」と大きな声で返す。子供達の驚く表情が楽しい。すぐ大きな声で「おはよう！」と返って来た。

朝日を浴びつつゆっくりと歩《あゆ》む。左に野洲川が西流。

土山宿は東海道五十七次の49番目の宿場町。南東８㎞ほどで鈴鹿峠を越えると伊勢の国・関。

▼当初、江戸～京間に53の宿駅が置かれ、東海道五十三次とした。
その後、幕府は西国大名の参勤交代時、京への立ち寄りを禁じ、大津～伏見間直行とし、途中に伏見、淀、枚方、守口の４駅を置き、最終的には東海道江戸～大坂間五十七次となった。

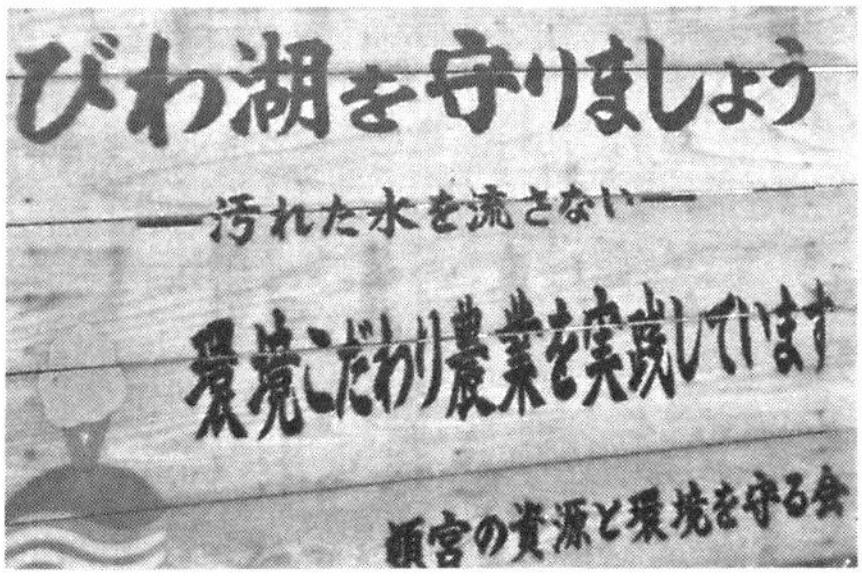

頓宮近くの看板

頓宮の碑

7時50分　頓宮《とんぐう》

大きな石灯。

▼斎王《さいおう》とは伊勢神宮に派遣され、神に仕える未婚の皇女のことで、伊勢への群行《ぐんこう》途次の定められた宿泊所を頓宮という。近江国府、甲賀、垂水、鈴鹿、壱志《いちし》の5ヶ所があったが、中でもここ垂水の頓宮は「鈴鹿の関」の手前、京《みやこ》に別れを告げる処。若い斎王にとっては別れが一入《ひとしお》身に沁みる宿であったという。初代斎王は天武天皇の皇女・大来皇女《おおくのひめみこ》であり、そのとき14歳。斎王の任を解かれ退下《たいげ》したのは、持統朝。弟の大津皇子《おおつのみこ》が謀反《むほん》の科《とが》で死罪となったためである。斎王在位13年7ヶ月、すでに28歳。大津皇子の死を悼んだ大来皇女の有名な歌がある。

「うつそみの人にある吾《われ》や明日よりは二上山《ふたかみやま》を弟背《いろせ》と吾が見む」

その大津皇子の辞世の歌。

「百伝《ももつた》ふ磐余《いわれ》の池に鳴く鴨《かも》を今日《けふ》のみ見てや雲隠《くもがく》りなむ」

退下の途中大来皇女はさらに歌う。

「世にふればまたも越えけり鈴鹿山昔の今になるにやあらん」

「神風《かむかぜ》の伊勢の国《くに》にもあらましを何《なに》しか来《き》けむ君も有《あ》らなくに」

惻々《そくそく》として悲しみが伝わってくる。

頓宮を右折、日野を目指す。蕭条《しょうじょう》たる田中《たなか》の道。前方遥かに鈴鹿の山脈《やまなみ》。

左右に茶畑。

さらに北上、杉檜などの林道に入る。小暗《おぐら》い樹間に木漏れ日が斜めに差し込んで来る。二つの大きな蜘蛛の巣、そこに斜陽が降りかかり、玄妙な形と光彩が醸し出されている。二つの「蜘蛛の巣銀河」の衝突。

溜池記念碑。頭上に青い空が広がる。

音が消えている。軽《かろ》やかな澄んだ微《かす》かな水音以外は松籟《しょうらい》もない。

下りに入る。分水界を越えたためか流れが北へ向かう。

その時20mほど前方の道をカモシカが横切る。続いてさらに1頭が左のかなり急な崖の上に現われ、悠然と道を横切り右の土手の上に消えていった。その間2~3分ほど。

日野に入る。風景が少し変わったようだ。ミズナラ、檜、栗などの雑木林が続く。

いが栗、椎の実などのドングリがかなり落ちている。熊、猿、カモシカなどが好むものである。

団栗の寝《ね》ん寝んころりころりかな　一茶

栗が美味《うま》い。「焼き栗　栗飯　栗きんとん　栗羊羹に栗鹿子」

9時31分　「御代参街道」の道しるべ　右笹尾峠

右、鎌掛池。視界が広がる。

10時　鎌掛《かいがけ》宿　1万4078歩

右、鎌掛谷の天然記念物ホンシャクナゲの群生地。

南砂川河原口橋。給水小休止。川風を楽しむ。

鎌掛は御代参街道の宿場町。盛時には本陣、脇本陣と13軒の旅籠があったという。それらしい古い瑞正な建物が随処に。花が多い。

▼御代参街道は五個荘で中山道から分かれ、八日市、日野を通り、ここ鎌掛宿を経て、土山宿に至る。その先、鈴鹿を越え伊勢神宮を目指す。

鎌掛宿（菅野忠画）

10時45分　日野川御代参橋

左右になだらかな丘陵が続く。その間《あいだ》の平地に田畑が広がっている。

すでに孫生《ひこばえ》が刈田に茎を伸ばしている。イネ科の仲間は強い。

大窪霊園、這上《はいあが》り坂。

11時10分　日野の市街地・大窪　——　1万9761歩

昼食。

札の辻、近江日野商人館、真宗本願寺派清雲山霊仙寺。正宗寺、日野曳山《ひきやま》。蒲生氏郷公銅像。日野は蒲生氏発祥の地。

日野小学校の堂々たる建物と日野商人の像。

▼いわゆる近江商人には、八幡商人、五個荘商人、愛知川商人、高島商人など、幾つかの流れがあるが、日野商人もその雄たるものの一つである。日野椀、薬、日野鉄砲。「売り手よし、買い手よし、世間よしの三方よし」。

日野商人館

11時55分　日野の市街地を出る　——

国道４７７号を渡り鳥《とり》居《い》平《ひら》を目指す。

出雲川河原橋。右に石小山３４１ｍ、その奥に竜王山８２５ｍ、綿向山１１００ｍ。

さらにその奥に鈴鹿の山々が霞む。

12時55分　鳥居平　——　2万6262歩

鳥居平城跡。

鬼室集斯の墓

鬼室神社へ

佐久良《さくら》川左岸を北東に向かう。

途中右折、３㎞ほどで鬼室《きしつ》神社が鎮座する小《こ》野《の》の集落。

祭神は鬼室集斯《しゅうし》、百済の高官。大津宮の頃渡来し、「学識頭《ふみのつかさのかみ》」として重きをなしたという。

田に猿の群れ。

杣、杉、原などの一字地名。

▼奈良時代和銅６年（７１３）国名、地名を好字、二字とする令があった。にも関わらず滋賀県には、明らかに一字地名が多いようだ。一字地名の多くは語感が新しい。またその多くが比較的鄙《ひな》にある。とすると一字地名の多くのものは和銅以降の新開地のものか。それにしてもなぜ滋賀県に多いのか。

14時15分 ―――――――――― ３万３０７７歩

原の集落の手前で左折し山道《やまみち》に入る。

狭いながらも舗装された、ゆっくりとした上《のぼ》り道。

後方西に比叡と比良の山並《やまなみ》が遠望できる。景色佳《よ》し。天気も良《よ》し。快調。

おふき地蔵

わなみコスモス園

14時29分　椋木《むくのき》峠　おふき地蔵

▼元亀元年（1570）5月、越前朝倉へ侵攻中、浅井長政の離反により背後を断たれた信長は、京に逃れ、さらに岐阜に帰る途中、ここで杉谷善住坊に鉄砲で狙撃された。原、甲津畑から杉峠、根の平峠を経て、伊勢・千草に至る「千草《ちぐさ》越え」と言われる長く険しい間道《かんどう》である。

14時50分　丘陵を出る —— 3万6273歩

和南《わなみ》川前川橋を渡り、和南町へ。わなみコスモス園。

また山道に入る。真っ直ぐ北上。2km弱で国道421号に出る。

愛知川沿いに東進。車多し。

この道は、その途中の蓼畑《たではた》を右折すると、杠葉尾《ゆずりお》を経て八風《はっぷう》峠に至る。八風街道といい、伊勢・四日市、桑名へ抜ける古道である。

▼八風街道の蓼畑から政所を北上すると蛭谷《ひるたに》に至る。そこは木地師発祥の地。筒井八幡神社境内に木地屋民芸品展示資料館がある。木地師とは椀、盆、こけし、面などの木彫の材料の木地をあらびきする職業の人々。木地業四職。蛭谷、君ヶ畑は全国の木地師を支配する本所のあった処。本所で発行する文書《もんじょ》、鑑札は「諸国の関所《せきしょ》通行の手形、居住の自由、用材伐採の自由」など絶大な特権の証《あかし》ともなっ

た。筒井公文所。文徳天皇の第一皇子惟喬《これたか》親王を祖神とする。文徳天皇のあとは第四皇子が立つ、清和天皇である。

16時10分　霜錦館着 ―――――――― 4万1413歩

岩魚《いわな》、鮎づくしの料理。この旅館の生簀から採り上げたばかりで、塩加減、焼き加減ともに最高の味。こんにゃく。山菜鍋。

身土不二。酒もよし。満足満足。さこそ酔はめ！

いち日を霧立てる山徘徊し身のしまりたる岩魚をほぐす　池田寿一

こんにゃくのさしみも少し梅の花　芭蕉

一ぱいの鮑を焼きて運ぶ箸一口二口神の味なり　岩城康夫「青潮」

曹操

対酒当歌　人生幾何　酒に対《むか》いて当《まさ》に歌うべし　人生幾何《いくばく》ぞ

譬如朝露　去日苦多　たとえば朝露のごとし　去日苦多し

秋風辞　前漢・武帝

歓楽極兮哀情多
少壮幾時兮奈何老

歓楽極まりて　哀情多し
少壮幾時《いくとき》ぞ　老いを奈何《いかん》せん

▼秦始皇帝といい、帝王の悩みは「老い」か。もっとも和漢東西を問わず、老死に対する歎きの歌は少なしとはしない、豈《あに》帝王のみならんや。

11日目

永源寺～多賀大社

4万1005歩／約24km

湖東三山《ことうさんざん》を巡り、多賀大社を目指す。湖東三山自然歩道が百済寺《ひゃくさいじ》、金剛輪寺《こんごうりんじ》、西明寺《さいみょうじ》の間を縫うように通じている。

このエリアは古くから渡来人たちによって開かれて来た。古い社寺、遺跡などがびっしりと詰まっている濃厚な歴史、文化の回廊である。広やかな湖東平野の景観も楽しみである。

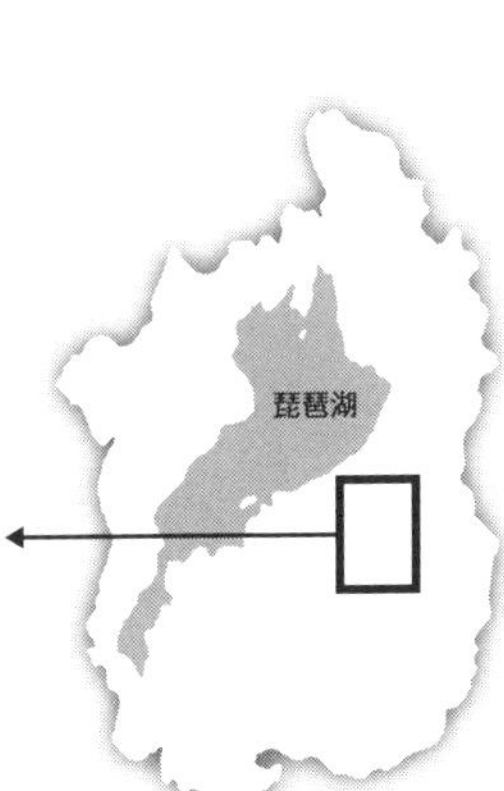

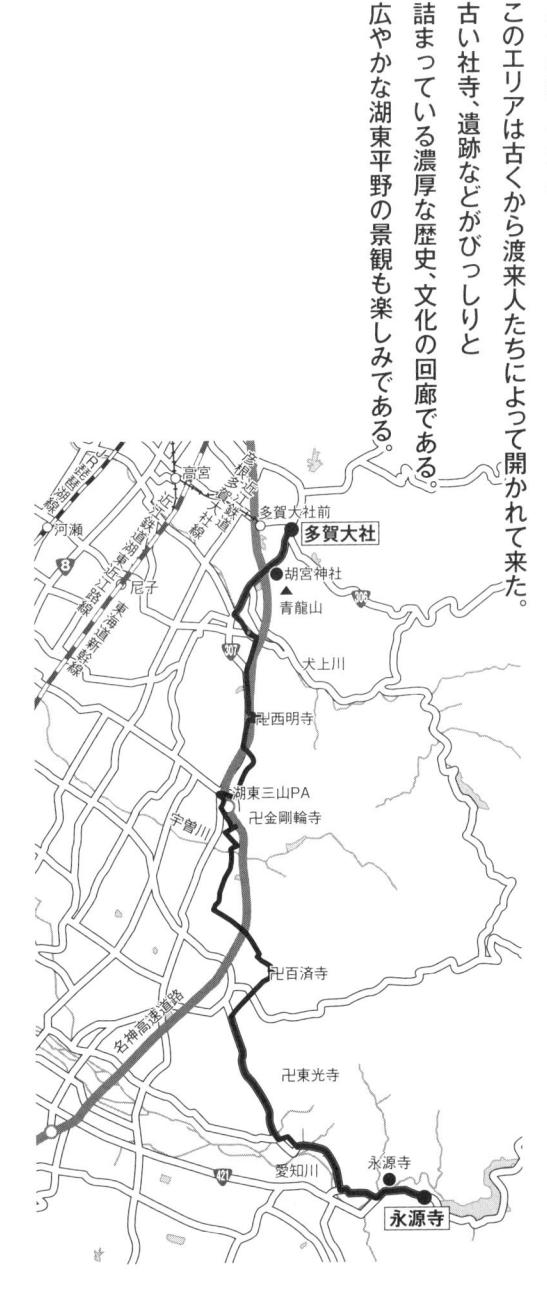

5時

起床。まだ冥《くら》い。深呼吸。

窓を引き開けると、どっと冷気が流れ込む。

墨絵の世界である。

ややあって、対岸の崖上に永源寺の堂宇や樹々の梢が仄《ほのか》に浮かび出てくる。

もとより読経《どきょう》の声も聞こえないが、何かの「気」が霧の彼方の対岸から伝わって来るようだ。

▼紅葉のころ永源寺は艶《つや》やかに華やぐ。その紅葉の葉は小さく可愛い。遥かな往時、青春の日の想い出、茫々《ぼうぼう》。

6時20分　臨済宗大本山瑞石山永源寺 スタート

開山寂室元光《じゃくしつげんこう》は鎌倉の末から南北朝にかけての禅僧。徳高く書をよくした。

山居　　寂室元光

不求名利不憂貧　　名利を求めず、貧を憂へず

隠処山深遠俗塵　　隠処、山深うして俗塵に遠ざかる

歳晩天寒誰是友　歳晩、天寒うして誰かこれ友なる
梅花帯月一枝新　梅花、月を帯びて一枝新たなり
（上田三四二著『花に逢う　歳月のうた』平凡社）

▼寂室元光の名に覚《おぼ》えがあり、蔵書を数冊手繰《たぐ》りやっとこの詩に邂逅した。読書の無上の喜びであった。

赤欄干の旦度橋《たんどばし》。門前に人の動きはない。

▼曇天雲量10だが、今日はこれから晴天になるとのこと。17度。微風。

国道307号を避け、愛知川右岸を行く。
ゴミ出しの人、家の中ではすでに人々が動いているのだろう。

「百済寺四k、金剛輪寺一〇k、西明寺一二k」

愛知川

紅葉橋北詰。高野神社御旅所。西の空に晴れ間が広がる。
愛知川の茫々たる広い河床。愛知川の今の河状係数は低いだろう。

▼河状係数は、河川の年間の最大流量と最小流量の比。数値が大きいほど流量の変動が大きい川である。

はるか前方、琵琶湖対岸の山稜が陽光に浮かぶ。湖東平野の

朝がはんなりと始まる。

▼「はんなり」は京阪方言で、「明るくてはなやかな様子」。

7時30分　菅原神社――5562歩

菅原道真を祀る。

朝食。宿で拵《こしら》えてもらったお握りがおいしい。

柿の実の色どりが秋の風情《ふぜい》を醸す。この辺り柿の名産地。

栗一粒秋三界を蔵しけり　寺田寅彦

※「三界《さんがい》」は仏教で全宇宙を表す三千大千世界の略

湖東の朝。柿の実

野地蔵（菅野忠画）

▼人にはそれぞれの季節感がある。わが生家《や》にはさまざまの果樹があった。柿、栗、枇杷、柚《ゆず》、木通《あけび》、石榴《ざくろ》。断然柿と栗がおいしく、その柿の実《み》りの季節が来て、満艦飾に朱《あか》い柿の実が生《な》るのを見ると秋だなと思う。

浄土宗白鹿背《はつかせ》山東光寺の石柱。もみじ寺。

庭先から犬が吠え掛かる。吠声がやさしい。朝の挨拶なのだろう。

9時08分　釈迦山百済寺《ひゃくさいじ》

創建は推古14年（606）、近江第一の古刹。
聖徳太子の発願《ほつがん》で、百済系の渡来人のために建立《こんりゅう》されたとのことだが、ありようは湖東一帯を開墾した渡来人秦氏《はたうじ》が開基したものだろう。

朱塗りの山門。極楽寺橋。美しい杉林の中、苔むした石段の参道を奄奄《えんえん》と登る。
仁王門の両脇に大草鞋《おおわらじ》が下がっている。草鞋は旅する修行僧の必需品。

草鞋よ　お前もいよいよ切れるか
今日昨日一昨日これで三日間履いてきた
履き上手の私と出来のいいお前と二人で越えて来た
　山川のあとをしのぶに捨てられぬ思いもぞする
　なつかしき　これ草鞋よ

若山牧水「草鞋」

百済寺仁王門と大草鞋

境内はさすがに広く、「湖東の小比叡」と称せられたほどに栄えたが、天正元年（１５７３）信長の焼討ちに遭い、一山の堂宇悉《ことごと》く烏有《うゆう》に帰した。

９時53分　本堂 ―――― １万３３７７歩

「天下遠望の喜見院《きけんいん》庭園」から比叡山を眺める。

紅葉が見事だという。

「地図の上で湖東から真西に直線を引っ張ると８８０km、朝鮮半島南端光州にぶつかる。昔、百済国があった場所だ」（五木寛之著『百寺巡礼』講談社）

10時10分　境内を出る ――――

駐車場脇から「湖東三山自然歩道」へ。

左に比叡・比良の山並みを遠望しつつ、静かな野の道を行く。

段丘層を下《くだ》る。琵琶湖との標高差はかなりあるようだ。さらに下ると沖積層の平野へと連なっていく。広やかな湖東平野の景観である。ゆっくりと歩く。

右、北坂本城址、天台宗坂本神社。

金剛輪寺参道の地蔵尊の列

10時50分

高速道を潜《くぐ》り、道標《みちしるべ》に従い右折、細道を北進。左はシイ、コナラ、マツ、カシなどの雑木林、雑木紅葉《ぞうきもみじ》。

林床に折敷しく落ち葉。

秋の日の雑木林には彩《いろど》りの中にも寂《じゃく》たる趣《おもむ》きがある。

北川橋を渡る。ホテル・クレフィール湖東。

また高速道を潜ると八坂神社。鳥居、本殿などが新しい。

宇曽川ダムの壁が木立の梢のその上に立ちはだかっている。

宇曽川新祇園橋。

丘陵を下《くだ》り、畦《あぜ》道をのんびりと行く。

湖東三山自然歩道の道標《みちしるべ》に従って道なりに歩く。

禅語に「道に従いまっすぐに歩く」とある。道自体に紆余曲折《うよきょくせつ》があるにしても。

依智秦氏《えちはたうじ》の里・古墳公園。大小10基ほどの古墳群。かつては１００基以上もあったという。

12時03分　天台宗松逢《しょうぶ》山金剛輪寺《こんごうりんじ》 ——— 2万4141歩

松尾寺とも。

天平13年（741）、聖武天皇勅願の寺。開山行基。

▼行基のかずかずの業跡は行基一人のものではない。行基集団ともいうべき技術集団を擁していたようだ。多分渡来系の人々による土木、社寺建築などの技術集団であったと思う。役小角、泰澄などの活躍も、背後にそうした集団があってのことだろう。開基した社寺はその勢力圏のシンボルであったのかもしれない。

黒門をくぐると、石畳の参道の両側に小さな地蔵尊の列、1000体もあるという。

深閑たる参道をゆっくりと登る。

堂々たる本堂大悲閣（国宝）、形姿《なりかたち》の良い三重塔・待龍塔（国重文）を四方から紅葉が囲んでいる。「血染めの紅葉」。

サツキ、シャクナゲ、スイレンなど、花の寺。

「豆木茶屋」でボリュームたっぷりの「僧兵そば」を摂《と》る。ビール1本。

▼京都西郊に松尾大社がある。渡来した山城秦氏ゆかりの神社である。近くの広隆寺、大酒《おおさけ》神社、蚕《かいこ》の杜《やしろ》などはいずれも秦氏に由来する。太秦《うずまさ》、嵯峨野一帯は平安遷都以前、秦氏が開いた土地である。秦河勝《はだのかわかつ》。全国にある松尾寺、松尾神社、松尾山などすべて秦氏に由来するかどうかは知らないが、少なくともここ金剛輪寺（松尾寺）は秦氏開基のお寺。

秦氏は5世紀頃、朝鮮東部の新羅から大挙渡来したという。養蚕、機織り、農耕、灌漑技術、土木・工匠、酒造など多くの文化を将来した。

秦をハタと読むのは出身地の古代朝鮮の地名からという。機織《はた》り。

▼関西、関東には秦《はた》さんが少なくない。畑、羽田、波多なども支族か？　また秦氏は単一の氏族名ではなく、朝鮮半島から渡来した人々共通の称《しょう》との説もある。弓月《ゆづき》の君（秦氏の祖）応神14年渡来。

13時50分　門を出る――――――――――――――――――2万6570歩

右手をやや下ると湖東三山自然歩道の道標《みちしるべ》。そこを右折、里道を行く。

「土が空見て春を待つ」「どこかで春が生れてる」（出所不明）

のどかな畦道《あぜみち》に物々しい電流線の防護柵。猿対策という。

14時50分　天台宗龍応山西《さい》明《みょう》寺《じ》――――――――3万2026歩

池寺とも。

開創承和元年（834）、開山三修上人。

案内の女性に不断桜→蓬莱庭→二天門→本堂のコースを勧め

西明寺山門

西明寺三重塔

られる。案内してくれるという。従う！

苔が随処にびっしり、傷つけないように歩く。苔がこれまでになるのにはかなりの年月が要る。「苔はこの辺りが好きなのでしょう」は件《くだん》の佳人の言《げん》。

倒《こけ》ないように！


参道を登ると、国宝本堂瑠璃殿、大堂である。宏壮にして質朴。

均整のとれた美しい三重塔（国宝）。いずれも檜皮葺で屋根の反《そ》りが優美。

錦秋の頃、紅葉と苔のハーモニーが素晴らしいことと思う。

夫婦杉、樹齢１０００年。二天門（国重文）このお寺には、国宝、国重文が多い。仏像、経文なども数多く伝承されている。

▼湖東三山。伽藍や庭園は言うに及ばず、参道、石段から樹木《きぎ》の梢《こずえ》、草花に至るまで、全山に天台宗の美意識が漲《みなぎ》っているかの印象がした。

15時20分　西明寺 スタート

これまでの湖東三山自然歩道の道標《みちしるべ》は西明寺で終わっているので、地図を片手に国道３０７号を行く。歩道もなく、車が多い。

天台宗凌雲山圓如寺。

勝楽寺、京極佐々木導誉ゆかりの寺。湖東三山にこの勝楽寺、敏満寺を加え、湖東五山と称した時期もあったという。

16時10分　犬上川福寿橋 ―――― 3万7028歩

「せせらぎの里　甲良《こうら》」ここは犬上郡甲良《こうら》町。

▼遣隋使、遣唐使で活躍した犬上御田鍬《いぬがみのみたすき》はここ犬上郡の出身。賨秦《すはた》集団。藤堂高虎のふるさともここ甲良町在士《ざいじ》。また戦国時代の山陰の雄尼子氏は近江源氏佐々木一族、ここが故地。近くに近江鉄道尼子駅がある。地名と姓名の親子関係が面白い！

右、小高く青龍《せいりょう》山333m。修験の山、信仰の山。

▼天台の寺々に限らず、「龍」の山号寺号を戴《いただ》く寺は少なくない。山の名にも「龍」の名を時に見ることがある。四神獣。「雨乞い」の龍神信仰に由来する。農民にとって雨は生活にかかわる。

山号、寺号などが面白い。宗派の思想、開山・開基の思いに興味が湧く。

交差点敏満《びんまん》寺。馬頭鳥居址。大きな常夜灯。

干上がった大きな溜池、大門池か。

▼青龍山敏満寺というお寺は、今はない。大字《おおあざ》として残るのみ。創建は貞観・元慶の頃（9世紀後半）、開山は三修上人。開基はその弟子敏満童子。

正覚寺門前の禅話

信長の兵箭で焼亡、廃寺となる。

右折、臨済宗永源寺派龍雲山正覚禅寺。
高速道を潜ると、胡宮《このみや》神社。
国指定・敏満寺石仏谷墓跡。
境内《けいだい》を北へ、胡宮神社の鳥居。
胡宮神社を後《あと》に多賀大社を目指す。ようやく黄昏《たそがれ》。
高宮。

この道や行人《ゆくひと》なしに秋の暮　芭蕉
みちばたに多賀の鳥居の寒さかな　尚白《しょうはく》（蕉門十哲候補、大津の人）

17時05分　多賀《たが》大社《たいしゃ》鳥居 ―― 4万1005歩

多賀大社の祭神は伊邪那岐《いざなぎ》、伊邪那美《いざなみ》の大神《おおかみ》。伊勢神宮の祭神天照大神《あまてらすおおみかみ》の親神であることから、彦根の人は、
「お伊勢参らばお多賀へまいれ、お伊勢お多賀の子でござる」

「伊勢にゃ七度《たび》、熊野へ三度《たび》、お多賀さまへは月まいり」

と言い囃す。彦根の人々の「お多賀さま」への思いは深い。

反りの強い太閤橋（太鼓橋）は疲れもあり渡れない。

本殿の前庭は広く優雅。夫婦桜。杜《やしろ》の結構《けっこう》は暗くてうかがえない。

「お多賀杓子《しゃくし》」は「おたまじゃくし」の語源という。


凄い夕焼けになって来た。Glorious! 夕焼けの翌日は晴れ。

良い一日であった。

大社の門前に赤提灯はない。さてどこで飲むか。

飲まない日があっても良いか。

多賀の夕焼け空

12日目

多賀大社～JR柏原《かしわばら》駅

4万4635歩／約24km

多賀から醒井《さめがい》への道は鍋尻山、霊仙山などの山峡《やまかい》の道である。芹川の渓谷を遡《さかのぼ》り、霊仙西方の汗ふき峠を越える。丹生《にゅう》、JR醒ヶ井駅、居醒《いさめ》の清水を経て柏原を目指す。

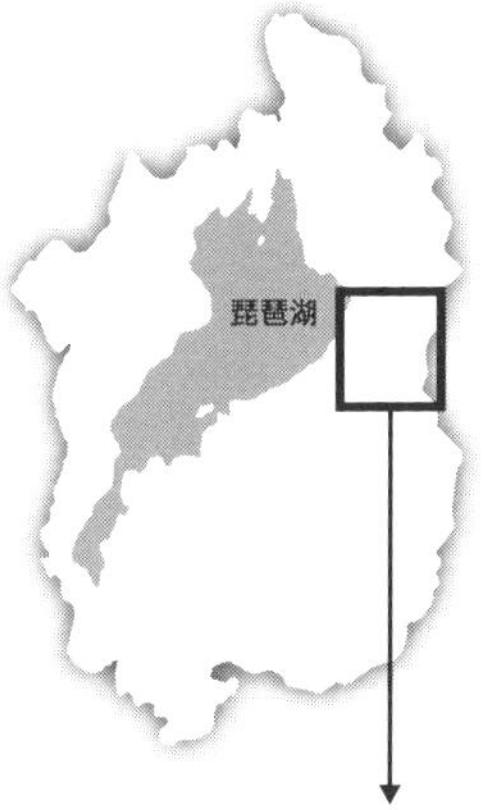

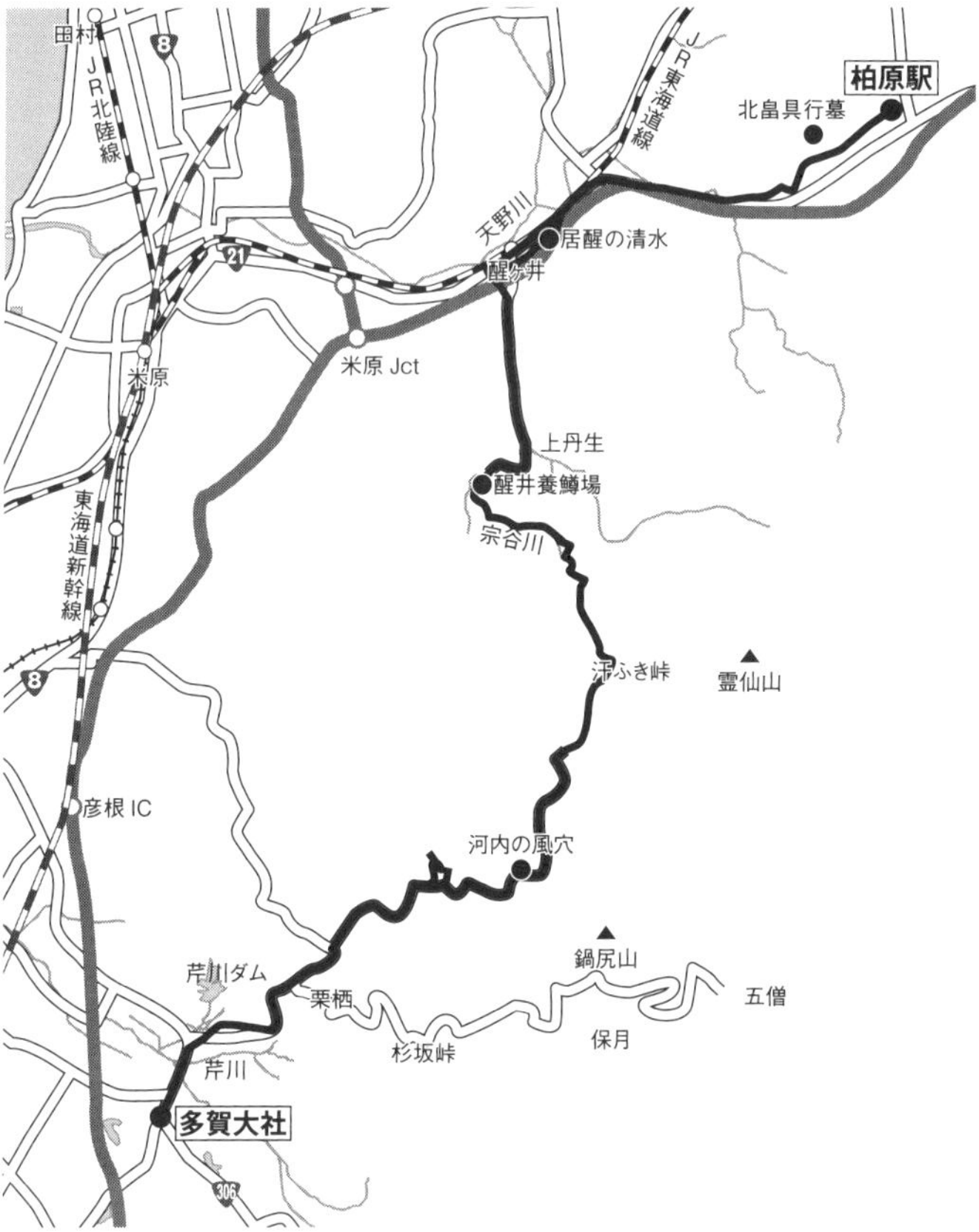

多賀大社

7時　多賀大社鳥居前

入念に体操、体調良し。スタート。

▼13度、やや寒い。風なし。雲量少なく本日も晴天だろう。

国道307号を北へ。

7時11分　芹川

午前中はこの芹川を溯上し、鈴鹿山脈北端霊仙山の西方汗ふき峠330mを目指す。

芹川を渡り久徳口を右折。国道の騒音がフッと消える。

市杵島姫《いちきしまひめ》神社で朝食。

▼市杵島姫命は宗像大社の祭神・宗像三女神の一。宮島・厳島神社、江ノ島・江島神社、竹生島・都久夫須《つくぶす》麻《ま》神社などの祭神。神仏習合で仏教の弁才天と同じとされ、「弁天様」として広く信仰されている。

見通しの良い水田地帯に出る。「野鳥の森」

前方西に鍋尻山838m。

▼鍋尻山南方の保月《ほうづき》を経て、美濃との国境《くにざかい》の五僧峠を越えていく五僧越えの山道がある。近江商人の隊列が越えたところ。関ヶ原の戦いに敗れた島津義弘はこの五僧越えを越えて薩摩へと逃れたという。

後方遥か湖岸に荒神山。

のどかな里の道。穏やかに晴れた空。秋晴れ、いわし雲。

智恵子は東京に空が無いといふ、ほんとの空が見たいといふ。阿多多羅《あだたら》山の山の
上に毎日出ている青い空が智恵子のほんとの空だといふ

（高村光太郎著『智恵子抄』）

栗栖《くるす》。

婦人が家の前の流水溝の側壁をブラシで清掃中。聞くと、「そら、ここで洗濯や野菜の水洗《みずあら》いをするので、きれいにしておくのだ」とニッコリ。福の神のようなにこやかな笑顔。その足元に大きなカボチャが三つ。

この辺り、稲荷神社、調宮神社、西願寺、秦《はた》寺、日吉神社、八坂神社、八幡神社など社寺が多い。

耕作放棄地が目につく。

生きかわり死にかわりして打つ田かな　村上鬼城

人家もない里山の道に入る。県道多賀醒ヶ井線。少し登りになる。

右手下から、細流となった芹川のかそけき水音を楽しむ。

われ行けばわれに随《つ》き来る瀬の音の寂しき山をひとり越えゆく

太田水瑞（１８７６～１９５５、信州・塩尻の人）

近江の山道では、どこでも瀬音が聞こえて来る。

散見する廃屋。

山陰《やまかげ》に入ると寒い。太陽光の温かさを思う。

落葉《おちば》の下、木の実を踏みつぶす音しきり。

死んだ沢ガニの殻《から》。地面を飛鳥の影が走る。草むらにカマキリがじっとしている。

道がやや荒れている。

川床に人家が2軒、破風《はふ》の棟木に「水」の文字。危くないのかな。

安養寺、閑《しず》かな山間《やまあい》のお寺。「霊仙《れいぜん》三蔵慰霊の塚」。

「霊仙は醒ヶ井付近で生まれ、霊仙《りょうぜん》山山頂の霊仙寺で学び、遣唐の学僧として最澄、空海と共に渡唐。修行し『三蔵』の法号を授けられ、かの地で68歳で没した。そこの土《つち》を故郷に持ち帰り埋めた塚である」と記されている。
寂然、こういう幽邃《ゆうすい》の処こそ只管打座《しかんたざ》、瞑想の地だろう。

山は大聖《だいしょう》の所居《しょこ》なり、賢人聖人《けんにんしょうにん》ともに山を堂奥《どうおう》とせり、山を身心とせり

（道元「山水経」）

9時30分　天然記念物・河内《かわち》の風穴《ふうけつ》——1万4524歩

数百m余の長大な鐘乳洞。
道は芹川とともに霊仙山の懐《ふところ》深く入《はい》り込んでいく。
前方高く重畳《ちょうじょう》たる山山。

分け入っても分け入っても青い山　山頭火

大きな岩がいまにも動き出しそうになりながら、山腹に止まっている。
▼小さなゆらぎから物が動きだし、台風が吹き、地震が起こる。大宇宙も極微のゆらぎから誕生したという。人と人との関係《かかわり》も。人の世も。

**9時55分　芹川入谷大橋 ——— **

「熊注意」、ラジオを取り出す。国会中継を聞く。すぐ音楽に切り換える。

▼空疎なやりとり。夥《おびただ》しく国益を失いつつ、いま日本は民主主義、政党政治を勉強中。

左、芹川の川床に夥しい投棄ゴミ。このような自然への冒瀆《ぼうとく》を憎む。10m余の崖下からの回収には大変な労力が必要だろう。

10時15分　霊仙《りょうぜん》山登山落合口 ——— 1万7072歩

車3台。

「山岳遭難多発！」

10戸ほどの集落に、人の気配がない。寺社を含めてすべて無住のようだ。

廃村。

▼これまで「限界集落」らしき村をいくつか見てきたが、こうして山深く入《はい》り込み、ついに廃村に行き遇《あ》った。寂然。廃村とは、かくも侘しいものか！

大洞谷へ入る。淀川水系大洞谷。汗拭峠を目指す。

沢伝《さわづた》いに、快適に高度を上げていく。足元から水音が這《は》い上がってくる。

途中作業服の3人と行き会う。土砂災害防止のため、霊仙山から河内集落までの沢筋を調査中とのこと。

「土石流が発生すれば、一直線で河内まで、一気にいってしまう」「蛭《ひる》に注意、ここの蛭は足元から入ってくるよ」「汗ふき峠はきついよ！」

その言葉の通り、だんだんと勾配がきつくなる。足元も砂地で滑りやすい。

小休止、給水。

やがて樹間の上に空が広がり出す。谷間を抜けつつあるようだ。

急に傾斜が緩くなる。峠か！

11時20分　汗ふき峠 ―― 2万837歩

右へ行けば1時間ほどで霊仙山山頂（1084m）。360度展望の広大なカルスト台地が広がる山頂からの眺めは絶佳という。

11時35分　榑《くれ》ケ《が》畑《はた》

ここも廃村。山小屋「かなや」、清水がうまい。この清水は天野川の水源の一つ。

世のために田に出て濁る清水かな　出典不明

醒ヶ井渓谷

地蔵尊

小川伝いに下《くだ》る。この細流は北流し、やがて丹生《にゅう》川、天野川となり、米原市北方で琵琶湖に入る。

▼濫觴《らんしょう》という言葉がある。濫はあふれる、觴はさかずき。物事の始まりの意。漢語の造語力の高さを思う。

芹川は彦根市の川、天野川は米原市の川。

30分ほどで駐車場につく。車4台。ここからは舗装の道。上丹生を目指す。

13時05分　醒井養鱒場 ――― 2万8636歩

養鱒場のレストランを避け、渓畔《けいはん》の沢石《さわいし》に腰掛け、沢音《さわおと》を聞き、沢水《さわみず》を眺めながら昼食。ビール。「汾酒《ふんしゅ》」を少し含む。汾酒は山西杏花村《きょうかそん》の酒、酒精度48%。

借問す酒家は何れの処にかある。牧童遥かに指さす杏花の村　杜牧「清明」

総谷川・醒ヶ井渓谷を快適に飛ばす。

13時35分　上丹生

丹生川に合流。

木彫の里。仏壇、狭間《さま》、欄間《らんま》などの上丹生木彫《かみにゅうもくちょう》。

真金《まかね》吹く丹生《にゅう》の真朱《まそほ》の色に出て言はなくのみそ吾が恋ふらくは

（万葉集巻14—3560　詠人不詳）

左、天台宗松尾寺《まつおじ》跡。本尊は飛行観音。

右、下丹生古墳は息長丹生真人《おきながにゅうまひと》とその一族の墳墓。

▼ここ天野川一帯は古代豪族息長氏の根拠地。息長氏は古代史にしばしば登場して来る。渡来系氏族らしいが、湖北、湖西に強大な勢力を持ち、日本海から都へのルートを扼し、6~8世紀の大和政権と深い関わりを持っていた。

神功皇后の名は息長帯姫《おきながたらしひめ》。継体天皇の妃・広媛《ひろひめ》も息長氏の出身。継体天皇は応神天皇五世の孫といい、神功皇后は応神天皇の母。継体天皇の源《みなもと》は応神天皇から発している。「継体」という諡号《しごう》にも興味がある。

霊仙三蔵立像

居醒の清水

14時15分　ＪＲ東海醒ヶ井駅――――3万4818歩

駅前に霊仙三蔵の立像。

14時35分　居醒《いさめ》の清水――

水量は以前に比べ少なくなったようだが、水はいまもきれいで、水底《みなそこ》には可憐な梅花藻《ばいかも》の花、ハリヨ。

結ぶ手に濁る心を濯《あら》いなば浮世の夢や醒井の水

阿仏尼《あぶつに》（十六夜日記）

水清き人の心を醒が井や底のさざれも玉とみるまで

雨森芳洲《あめのもりほうしゅう》

ＪＲ柏原駅を目指す。喧噪の国道を避け、集落の中の道を東進。
やがて国道を潜り旧中山道に出る。右に天野川が西流している静かな道である。
梓川橋。真宗大谷派歓喜山慈圓寺。

車庫入れ中の人に柏原駅までの時間を訊く。予定の列車の時刻には少しきつそう。急ぐ。

しばらく道を急いでいるとさっきのミニトラックがやって来て、乗れと勧める。「列車に間に合わない」と助手席の奥さんも勧める。

深謝しつつ、「多賀から柏原まで、時間と歩数を記録しながら歩いている」「次の列車でもよいのです」と説明すると了解。

▼これほどの親切は経験したことがない。ただただ感じ入るのみ。一期一会。

前方に清滝山、右奥・南方に山顛《さんてん》が見えるのは霊仙山だろう。直線距離では７㎞ほどだろうが、遥か遠くに見える。

清滝山の麓に、「北畠具行卿之墓〇・四ｋ」

「柏原宿一里塚」の復原塚。５ｍ四方、高さ３ｍの立派なもの。

▼一里塚は道程《みちのり》の目安。旅人の休息場。旅の時間の配分や駕籠代・馬代の計算に利用するなど大変重宝なポイント。柏原一里塚は江戸から１１５番目。

柏原宿一里塚

草の中に野菊咲くなり一里塚　子規

柏原駅

天野川丸山橋、柏原宿に入る。やっと戻ってきた！

日枝神社、市場橋。

16時20分　ＪＲ柏原駅――――――――４万４６３５歩

ようやく終わった。ビールで一人乾杯、快哉《かいさい》。

これからも歩き続けたい。

歩け！　歩け！　歩《アル》キ愛《メ》デス！

旅のおわりに

一、期待通り、山辺《やまのべ》の道は多彩であった

到る処に豊かな水流があり、四季の彩《いろど》りがあった。

随処に鎮座している地蔵尊。小祠、古刹、古社。

そうした古い建物、遺跡、山道がいまもしっかり維持されているのには強い印象を受けた。

道沿いに点在する村々の静かで品の良い佇い、垣間見《かいまみ》える人々の暮しなどにも印象が残る。

二、聳える山稜、広い展望

細流から激流へと刻々と変化する渓谷の相《すがた》。

深山の幽《かす》かな沢水の音。

道端に流れ落ちる清冽な清水の味。

凛と伸びる杉檜の森、ときに頽然たる林。

慈眼堂石仏

草むらから飛び出す小鳥、道脇に蠢く小虫。
森はいのちの曼陀羅、無数の生きものの幾千万年かけた生命の連鎖。

三、今回の山辺の旅で、なにより強く印象づけられたのは、山村の過疎化、田畑・山林の荒廃であった。

限界集落とも見える里。少なからざる廃屋。
山深く入り込むと、ついに廃村に出くわした。
老いた人の、孤独感漂う姿も少なくなかった。
年老いた人々は国の宝である。これらをおろそかにする国に未来はない。
山林田野は国の大切なヒンターランド（後背地）。

四、荒廃した農山村、農地・山林を元に戻すことは難しい。都市への人口集中、少子化がどうしようもないことならば、この進行は止められない。

しかし、このままむざむざと耕作放棄地、廃村が拡大して行くのを、年老いた人々が見捨てられていくのを放置しても良いものだろうか。

【農山村特区の構想】

1　老人、療養者、障害者などの療養の総合施設、就労のシステム。

2　農林用地の集約、共同耕作・請負化。土地所有者には借料を払う。

3　地産地消の共同体。

4　諸税免除。国内ＯＤＡ。

五、今回の遊行は一気通貫とはいかなかった。

道に迷ったり、通行止めにあったりして、スケジュール通りに歩けなかった。

同じルートを３度も試行錯誤したこともあった。

したがって歩いた季節もバラバラになってしまった。同じ区間で、咲く花、木の実などを季節的に混記している箇所があるが修正していない。

※地蔵尊等撮影の場所などと文中掲出箇所が一致していない所がある

六、十数年琵琶湖・近江に魅せられて来た。

固い壁にぶつかった感じがする。ここから先は迷宮《ラビリンス》。

漸《ようや》く終えるときが来たようだ。

次の計画は、ない。

すでに老境。次に何をするにしても、残りの人生のことを考えなければならない。

さて自今何して遊ぶか。

言葉拾い

酒やめようかなにして遊ぼうか　金子兜太

ここ10年ほど、さまざまに「言葉拾い」を楽しんでいる。
酒の歌、国字、和製漢語、和製英語、辞世のことば、臨死のことば、「死ぬ」。

然

㋐唖然　哀然　靄然　藹然　暗然　闇然　黯然　晏然　安然　依然　已然　怡然　隠然
陰然　鬱然　蔚然　温然　慍然　宛然　婉然　奄然　艶（嫣）然　淵然　偃然
㋕果然　俄然　快然　介然　恢然　傀然　慨然　蓋然　駭然　画然　廓然　確然　豁然
濶然　戛然　活然　愕然　莞然　敢然　間然　悍然　毅然　巍然　屹然　翕然　栩然
恟然　犖然　凝然　居然　遽然　欣然　偶然　薫然　炯然　決然　喧然　顕然　歉然
厳然　泫然　眩然　公然　浩然　広然　昂然　洽然　皎然　轟然　傲然　囂然　兀然
忽然　惚然　昏然　渾然　混然　惛然

㋚洒然 颯然 雑然 燦然 潸然 嶄然 自然 肆然 釈然 綽然 灼然 寂然 粛然
驟然 倏然 愁然 愀然 柔然 糅然 悄然 粛然 衝然 聳然 蕭然 昭然 森然
慎然 信然 恂然 衰然 酔然 整（井）然 清然 醒然 惺然 腥然 淅然 全然
然然 蒼然 騒然 愴然 爽然 凄然 惻然 卒然 率然
㋟佗然 泰然 頽然 卓然 端然 脱然 坦然 淡然 澹然 湛然 断然 暢然 超然
悵然 惆然 秩然 佇然 沈然 適然 的然 天然 恬然 塡然 徒然 当然 陶然
蕩然 同然 洞然 突然
㋩沛然 漠然 藐然 驀然 判然 必然 湢然 飄然 憫然 愍然 蕪然 憮然 憤然
奮然 平然 漂然 瞥然 方然 亡然 恾然 芒芒然 呆然 穆然 勃然 翻然
本然
㋮漫然 未然 猛然 濛然 惘然 黙然
㋳雄然 優然 勇然 遊然 油然 悠（裕）然 幽然 杳然 厭然 窅然
㋶爛然 慄然 歴然 亮然 瞭然 隆然 凛然 冷然 麗然 老然 朗然
㋻和然 猥然

国字

日本で漢字のように用いられている字で中国の文献にみえない文字。平仮名、片仮名はもとより国字。使用度の極めて低いものは省略した。

①杁 桛 槝 樫 椿 椛 椚 椡 杦 樴 榀 榊 橲 梻 椙 杣 樠 栃 栂

𣜌 樻 梺 榑 柾 枡 椌 杢 枠 楅

②鰯 鰔 魞 鯑 鱚 鰊 鮗 鱰 鯱 鰰 鱈 鱩 鰙 鯰 鯲 鱠 鮖 𩸽 鮲

③粁 籵 糎 粍 粨 籾 糀 粂

④鎊 鎹 錵 鈨 鏂 鋲 鑓

⑤遖 逧 込 辷 迚 辻

⑥鳰 鶍 鷙 鶎 鶫 鴫

⑦熕 燗 畑 燵

⑧俤 俥 俣 働

⑨凬 凧 凩 凪

⑩淦 汢 溂 濹

⑪襷 褄 裃 裄

⑫笹 簓 簗

⑬ 緘　繧　繝

⑭ 噺　喰　叺

⑮ 鞐　鞆

⑯ 苅　蓙

⑰ 腺　膵

⑱ 塀　圦

⑲ 饂　蛯　嬶　躾　癪　峠　畠　雫　麿　怺　々

岡野兄の琵琶湖2冊目に寄す

上原昭　記

岡野兄の琵琶湖紀行の第２弾『琵琶湖一周　山辺の道　55万３０００歩』の原稿が届いた。

滋賀県の地図を傍らに置いて、その足跡を追ってみた。始終着点となっている柏原駅は東海道線で岐阜県から滋賀県に入る初めての駅である。そこから北上し、余呉湖とか白谷温泉とかは福井県との県境に近い。湖西に至り、南下していくと、比良山地や比叡の東麓に辿り着く。このあたりは京都府との境である。そして信楽とか土山を訪れている。ここは奈良・三重の県境である。

前作の『琵琶湖三十三万八千歩』は湖畔に沿った道を選んで歩いていたから、滋賀県の内周を踏破したことになるが、本書は県境に近い外周を歩いている。だから55万３０００歩と歩数も１・６倍余になってしまった。

両作品は滋賀県を余すところなく紹介している。どちらも琵琶湖を中心とした３次元の世界だけでなく、古代からの歴史も多く記されている４次元紀行である。

私は近江の国といえば、主として戦国時代以降の歴史しか、詳しくは知らなかったが、6世紀頃からすでに飛鳥地方と接触があって、古くから倭《やまと》の国の中心地であった。そうした歴史の積み重ねが滋賀県を文化豊かなものにしている。人口10万人当りの寺院数が日本一であることなど、その証左の一つである。

前作では、琵琶湖の美しさに魅せられてか、美しい文章が多く、「意外と詩人であるなぁ」と思った。目に飛び込んでくる情景の描写が非常に良い。

「まだ漆黒の闇。やがて湖上遥かな中空に、かすかな乳白色の染《しみ》が現われる。徐々にシルバーホワイトの帯《おび》になり横に広がっていく。伊吹山の山稜がぼんやりと浮かび出てくる。夜明け前の静寂。黒と灰色ばかりの湖面に、かすかな白銀のきらめきが漂う。山際にファイアレッドの輝色が入ってくる。色彩の復活である。音もなく夜の帳《とばり》が引き開けられていく。……」

本書では、山村の過疎化・荒廃、目立つ廃屋・耕作放棄地、農業の後継者不在、昨今の世相など、国の将来を憂える描写が多くある。「けっこう、社会派だなぁ」なんて思ってしまう。

〝国内ＯＤＡ。国富は、まず国内で費うべし。農林漁業は国の根幹である〟

〝夥しく国益を失いつつ、いま日本は民主主義、政党政治を勉強中〟

過日、この紀行文（原稿）に誘われて、湖東三山、西教寺・日吉大社などを訪ねた。湖東三山は、聖徳太子、聖武天皇などが開基で優に千年寺院である。その百済寺の喜見院庭園から眼下を眺めると、数百万年前の琵琶湖の幻が広がっていた。鏡のような湖面に、箕作山《みつくりやま》や繖山《きぬがさやま》が島となって浮かんでいるのが見えた。

兄《けい》は、早朝に起床し、直ちに宿を出立する。しばらく歩いて朝食、時には早々とビールを飲む。そして只管歩行し、昼食にはビールを欠かさない。泊まりの宿でも、地《じ》の肴で甘露なるアルコールの類《たぐい》を嗜《たしな》む。

一昨年秋、ウォーキング仲間の集まる「大空会」で荒川を歩いた時、岡野兄が私達に「今、酒を詠んだ歌や句を集めている」と言っていた。

そのうちのいくつかが、本書の文間に散りばめられていて楽しい。

〝酒止めようかどの本能と遊ぼうか　金子兜太〟など、とても良い。

著者の心情を代弁するような〝いささかの濁れる酒といささかの読むものあれば足るこころかな　吉井勇〟など、とても素晴しい。

曹操の〝対酒当歌　人生幾何〟など豪壮だ。

酒を詠んだ歌や句はすべて正直で心に響くのが良い。

兄は、「次の計画はない」と述べているが、是非新たな構想を起こし、3作目に取り組んでもらいたいものだ。

あとがき

２００７年前著『琵琶湖三十三万八千歩』以来、既に５年余の歳月が過ぎている。
２０１０年６月、定年退職。
２０１１年４月、顔面の皮膚ガン摘出のため２週間入院。
２０１１年８月、母死去、94歳。
２０１２年６月、幹動脈狭心症のため、救急車で緊急入院。
２０１２年夏、大切な友達がまた一人亡くなった。
２０１２年秋、末娘が結婚。
老化という真直《まっす》ぐな縦糸に、様々な彩《いろど》りの横糸が綾《あや》となり人生は進む。
溌剌《はつらつ》たる60台は過ぎた。今や古希、従心。

　時来《ときき》たり崩れる造化の理《ことわり》を忘れず老いを歩まむとする　岩城康夫「青潮」

人はいつかは死ぬ。これは純乎《じゅんこ》たる真理である。

私もいずれ死ぬ。それも今や指呼の間。

仮に余命が10年しかなくとも30年ほどあっても、儚いことに変わりはない。

もともと人の生命《いのち》自体儚いものなのである。

然《さ》りながら、今生命《いのち》を享《きょう》している。楽しむに如かず。はんなりと！

青春未《いま》だ熄《きえ》ず。焉《えん》。

この本を書くに当って、多くの人のお世話になりました。記して感謝申し上げたい。稲泉敦彦、上原昭記、松本雅美、菅野忠、南隆明、梁蔌冰、竹原寿良、中嶋清、西島進一、畑廣成、橋本充子、鈴木昌之。

編集出版にあたって矢島潤さん、岸田詳子さん、水上清美さんに大変お世話になりました。

妻優子にも感謝の意を呈したい。

そしてこの本を亡き母文《ふみ》の霊前に奉《たてまつ》る。

２０１４年６月

岡野忠雄

参考図書

滋賀県歴史散歩編集委員会編『滋賀県の歴史散歩（上・下）』山川出版

滋賀県高等学校理科教育研究会編『滋賀県地学のガイド（上・下）』コロナ社

長浜み～な編集室編「み～な　びわ湖から」１１０号湖北の観音さま、１１６号北国街道をゆく

西岳人著『北近江の山歩き』サンライズ出版

「近江路の神と仏　名宝展」三井記念美術館

井上満郎・白木正俊著『琵琶湖疏水と京都の産業・企業』京都商工会議所観光産業特別委員会

臼井史朗著『古寺巡礼ひとり旅』淡交社

清水俊明著『近江の石仏』創元社

西本梛枝著『湖《うみ》の風回廊―近江の文学風景』東方出版

滋賀文学会編『別冊淡海文庫　淡海万華鏡』サンライズ出版

白洲正子著『近江山河抄』講談社文芸文庫

江南良三著『近江商人列伝』サンライズ出版

光永覚道著『千日回峰行』春秋社

阿南ヴァージニア史代著『円仁慈覚大師を訪ねて』ランダムハウス講談社

斎藤茂吉著『万葉秀歌（上・下）』岩波新書

藤井五郎著『淡海万葉の世界』サンライズ出版

吉井勇著『吉井勇歌集』岩波書店

若山牧水著　『若山牧水歌集』　新潮社

佐藤佐一郎選　『佐藤秀信歌集』

今井邦子著　『歌集紫草』　短歌新聞社

岩城康夫著　『歌集青潮』　風媒社

矢崎節夫選　『金子みすゞ童謡集』　ＪＵＬＡ出版局

草田照子著　『うたの信濃』　信濃毎日新聞社

大山澄太著　『俳人山頭火の生涯』　彌生書房

■著者略歴

岡野忠雄（おかの　ただお）

1942年生まれ。石川県出身。大阪府立清水谷高校、京都大学卒業。1967年日本国有鉄道入社。2002年日本貨物鉄道株式会社。株式会社飯田町紙流通センター社長を経て2010年定年退職。前著に『琵琶湖三十三万八千歩』（交通新聞社）がある。

琵琶湖《びわこ》一周　山辺《やまのべ》の道　55万3000歩

2014年6月30日　初版第1刷発行

著　者　岡野忠雄

発行者　岩根順子

発行所　サンライズ出版

〒522-0004滋賀県彦根市鳥居本町655-1
tel 0749-22-0627　fax 0749-23-7720

印刷・製本　シナノパブリッシングプレス

ISBN978-4-88325-541-2
定価はカバーに表示しています